Duden

Einfach klasse in

Mathematik

Wissen • Üben • Testen

8. Klasse

2., neu bearbeitete und erweiterte Auflage

Dudenverlag
Mannheim · Zürich

Bibliografische Information der Deutschen Nationalbibliothek
Die Deutsche Nationalbibliothek verzeichnet diese Publikation in der
Deutschen Nationalbibliografie; detaillierte bibliografische
Daten sind im Internet über http://dnb.d-nb.de abrufbar.

© Duden 2010; Nachdruck 2011   D C B
Bibliographisches Institut GmbH
Dudenstraße 6, 68167 Mannheim

Redaktionelle Leitung Martin Bergmann
Redaktion Anika Donner, Dr. Wiebke Salzmann
Autoren Karin Hantschel, Michaela Neumann-Krapp, Timo Witschaß

Herstellung Annette Scheerer
Layout Horst Bachmann
Umschlaggestaltung WohlgemuthPartners, Hamburg
Umschlagabbildung Gettyimages, Laurence Mouton

Satz Katrin Kleinschrot, Stuttgart
Druck und Bindung Offizin Andersen Nexö Leipzig GmbH
Spenglerallee 26–30, 04442 Zwenkau
Printed in Germany

ISBN 978-3-411-72442-0

Inhaltsverzeichnis

INHALT

INHALT

Rechnen mit Termen

1.1 Ausmultiplizieren und Ausklammern

Ein **Term** besteht aus sinnvoll zusammengesetzten Zahlen, Variablen und Rechenzeichen.

Variablen stehen in Termen meist als Platzhalter für Zahlen.

Beispiele für Terme:

| 7 | a | $\frac{1}{2}y - 3{,}5$ | $5 \cdot a + 3$ |

Dies sind keine Terme:

| $12 + ($ | $3x = 3x$ | $\frac{1}{2}a :$ | $-x \cdot$ |

Als Variablen werden Buchstaben wie x, y, z verwendet.

Ausmultiplizieren

Man multipliziert eine Summe (Differenz) mit einem Faktor, indem man jedes Glied der Summe (Differenz) mit dem Faktor multipliziert und die Ergebnisse der Multiplikationen addiert (subtrahiert).

$$3(2a + 5x) = 3 \cdot 2a + 3 \cdot 5x$$
$$= 6a \quad + 15x$$

$$(4m - 3n)2a = 4m \cdot 2a - 3n \cdot 2a$$
$$= 8am \quad - 6an$$

Ausklammern

Ist eine Zahl oder eine Variable in jedem Glied einer Summe (Differenz) als Faktor enthalten, so kannst du sie **ausklammern**. Das **Ausklammern (Faktorisieren)** ist die Umkehrung des Ausmultiplizierens. Durch das Ausklammern gemeinsamer Faktoren wird eine Summe (Differenz) in ein Produkt verwandelt.

$$a \cdot b + a \cdot c = a \cdot (b + c)$$
$$a \cdot b - a \cdot c = a \cdot (b - c)$$

$$3 \cdot 7 + 3 \cdot 3 = 3 \cdot (7 + 3)$$

$$2 \cdot 6 - 2 \cdot 4 = 2 \cdot (6 - 4)$$

Gehe folgendermaßen vor:
1. Finde einen gemeinsamen Teiler.
2. Zerlege die Produkte der Variablen in Faktoren und bestimme die gemeinsamen Faktoren.
3. Schreibe alle gemeinsamen Faktoren vor die Klammer.
Beachte, dass sich auch der Term in der Klammer entsprechend verändert!

gemeinsamer Teiler von 18 und 21

$$18b^2 - 21ab = \mathbf{3} \cdot 6b^2 - \mathbf{3} \cdot 7ab$$

gemeinsamer Faktor von b^2 und ab

$$= \mathbf{3} \cdot 6 \cdot \mathbf{b} \cdot b - \mathbf{3} \cdot 7 \cdot a \cdot \mathbf{b}$$

$$= \mathbf{3b}(6b - 7a)$$

gemeinsame Faktoren stehen vor der Klammer

WISSEN

ÜBUNG 1 Schreibe ohne Klammern.

Beispiel: $5 \cdot (m - 3) = 5 \cdot m - 5 \cdot 3 = 5m - 15$

a) $7 \cdot (9 + 22k) =$

b) $(2m - 3n) \cdot 12 =$

c) $(15a - 105b + 5c) : 5 =$

d) $\frac{3}{4} \cdot (\frac{8}{6}x - 3) =$

e) $(\frac{4}{5}a + \frac{2}{3}b) : 4 =$

f) $(\frac{2}{5}m - \frac{3}{4}) : \frac{6}{15} =$

g) $(\frac{6}{10}a + \frac{3}{5}x) : (-\frac{4}{5}) =$

ÜBUNG 2 Multipliziere aus und fasse zusammen.

a) $4 \cdot (8y - 5x) + 6 \cdot (8y - 3x)$

$= 4 \cdot 8y - 4 \cdot 5x + 6 \cdot 8y - 6 \cdot 3x$

$= 32y - 20x + 48y - 18x$

$= 80y - 38x$

$= -38x + 80y$

b) $12a - 2 \cdot (4b + 5a) + 9b - 2ab$

$=$

$=$

$=$

c) $(8x - 15y) \cdot 5 - 12 \cdot (9y + 4x) + 92y =$

$=$

$=$

$=$

d) $20x - 9y - (-5x - 3y) \cdot (-2)$

$=$

$=$

$=$

$=$

ÜBEN

ÜBUNG 3 Klammere jeweils den angegebenen Faktor aus.

Beispiel: Faktor 4a: $48a - 64ab = \underline{4} \cdot 12 \cdot \underline{a} - \underline{4} \cdot 16 \cdot \underline{a} \cdot b = \underline{4a} \cdot (12 - 16b)$

a) Faktor $-6x$: $\quad -18x^2y - 30x^3z = \underline{-6} \cdot 3 \cdot \underline{x} \cdot x \cdot y \underline{-6} \cdot 5 \cdot \underline{x} \cdot x \cdot x \cdot z =$

b) Faktor 9a: $\quad 45a^3b - 36ab^2 =$

c) Faktor uv: $\quad 24u^2v - 8uv^2 =$

d) Faktor $-4cd$: $\quad -28cd + 16c^2d =$

e) Faktor x^2y: $\quad 11x^2y - 19x^2y^2 =$

ÜBUNG 4 Klammere alle gemeinsamen Faktoren aus.

Beispiel: $48xy - 16x - 44x^3y^2 = \underline{4} \cdot 12 \cdot \underline{x} \cdot y - \underline{4} \cdot 4 \cdot \underline{x} - \underline{4} \cdot 11 \cdot \underline{x} \cdot x \cdot x \cdot y \cdot y$

$= 4x \cdot (12y - 4 - 11x^2y^2)$

a) $-36a^2b^3 + 81ab^2 =$

b) $135v^2w^2 - 45vw^2 =$

c) $12ef^2 + 20e^2f - 24ef =$

d) $-16a^2b^3c^2 - 40a^3b^2c^2 + 56a^2b^2c^3 =$

ÜBUNG 5 Fülle die Lücken.

Beispiel: $15a - 10a^2 = 5a \cdot (\underline{3} - \underline{2a})$

a) $28xy + 49x = 7x \cdot (\boxed{} + \boxed{})$ $\qquad$ b) $18mn^2 - 48m^2n = \boxed{} \cdot (\boxed{} - 8m)$

c) $-45a^2b^2 - 90ab^2 = \boxed{} \cdot (15a + \boxed{})$ $\quad$ d) $-52a^2b^3 - 91ab^2 = 13ab \cdot (\boxed{} - \boxed{})$

ÜBUNG 6 Vereinfache zuerst und klammere dann aus.

a) $28a + 4 \cdot (-2a + 2b) - 46b$ $\qquad$ b) $14mn - 10m \cdot (4n - 6) - 6n \cdot (8m - 10)$

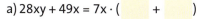

$\quad = 28a - 8a + 8b - 46b \qquad\qquad =$

$\quad = 20a - 38b \qquad\qquad\qquad\quad =$

$\quad = 2 \cdot (10a - 19b) \qquad\qquad\quad =$

c) $36 + (6s - 3t) \cdot 5 - (18s - 3t + 12) \cdot 3$ $\quad$ d) $5xy - [8x - (5y - 7x)] \cdot 2x$

$\quad = \qquad\qquad\qquad\qquad\qquad\qquad\quad =$

$\quad = \qquad\qquad\qquad\qquad\qquad\qquad\quad =$

$\quad = \qquad\qquad\qquad\qquad\qquad\qquad\quad =$

ÜBEN

1.2 Multiplizieren von Summen – binomische Formeln

Multiplizieren von ...

Summen: Man multipliziert zwei Summen miteinander, indem man jedes Glied der ersten Summe mit jedem Glied der zweiten Summe multipliziert und die Ergebnisse der Multiplikationen addiert.

$$(4 + a) \cdot (x + 3) = 4 \cdot x + 4 \cdot 3 + a \cdot x + a \cdot 3$$
$$= 4x + 12 + ax + 3a$$
$$= 3a + ax + 4x + 12$$

Differenzen: Man multipliziert zwei Differenzen miteinander, indem man jedes Glied der ersten Differenz mit jedem Glied der zweiten Differenz multipliziert. Die einzelnen Ergebnisse werden anschließend addiert bzw. subtrahiert.

denn $- \cdot - = +$

$$(3 - m) \cdot (k - 7) = 3 \cdot k - 3 \cdot 7 - m \cdot k + m \cdot 7$$
$$= 3k - 21 - km + 7m$$
$$= 3k - km + 7m - 21$$

Summen mit Differenzen: Man multipliziert jedes Glied der ersten Klammer mit jedem Glied der zweiten Klammer. Die einzelnen Ergebnisse werden anschließend addiert bzw. subtrahiert.

denn $+ \cdot - = -$

$$(5 + 2x) \cdot (k - 9) = 5 \cdot k - 5 \cdot 9 + 2x \cdot k - 2x \cdot 9$$
$$= 5k - 45 + 2kx - 18x$$
$$= 5k + 2kx - 18x - 45$$

Binomische Formeln

Spezialfälle der Multiplikation von Summen und Differenzen sind:

1. binomische Formel
$(a + b)^2 = a^2 + 2ab + b^2$

2. binomische Formel
$(a - b)^2 = a^2 - 2ab + b^2$

3. binomische Formel
$(a + b) \cdot (a - b) = a^2 - b^2$

Achte auf die Rechenzeichen:

$+ \cdot + = +$ $- \cdot - = +$
$+ \cdot - = -$ $- \cdot + = -$

Herleitungen:
$(a + b)^2 = (a + b) \cdot (a + b) = a^2 + ab + ba + b^2$
$= a^2 + 2ab + b^2$

$(a - b)^2 = (a - b) \cdot (a - b) = a^2 - ab - ba + b^2$
$= a^2 - 2ab + b^2$

$(a + b) \cdot (a - b) = a^2 - ab + ba - b^2 = a^2 - b^2$

Die Glieder a^2 und b^2 nennt man **quadratische Glieder**. Das Glied 2ab nennt man **gemischtes Glied**.

Beachte: Die Variablen a und b können auch durch Terme (z. B. 8z, 2k oder 7y) belegt sein.

$$(8z + 2k)^2 = (8z)^2 + 2 \cdot 8z \cdot 2k + (2k)^2$$
$$= 64z^2 + 32zk + 4k^2$$

quadratisches Glied   gemischtes Glied   quadratisches Glied

WISSEN

ÜBUNG 7 Multipliziere aus und fasse so weit wie möglich zusammen. Achte auf die Vorzeichen! Bearbeite die Aufgaben in deinem Übungsheft.

a) $(4a + 3b) \cdot (5 + 2b)$

b) $(7x - 3y) \cdot (\frac{4}{7}y - 2x)$

c) $(24u - 5{,}6r) \cdot (-0{,}4u + 12r)$

d) $(\frac{3}{4}m - \frac{2}{3}n) \cdot (\frac{2}{6}m - \frac{4}{8}n)$

e) $(6a^2b - 12ab^2) \cdot (-3b^2a - 2ba^2)$

f) $(3f + 15g + 6h) \cdot (2f - 7g - 5h)$

ÜBUNG 8 Bearbeite folgende Aufgaben in deinem Übungsheft.

a) $(4a + 2b) \cdot (12a - 6b - 3)$

b) $6(8a - 10b) - (16 + 2b) \cdot (4a - 12) + 8ab$

c) $23{,}5st + [-6{,}5t^2 - (5s - 12t) \cdot (3t - 4{,}8s)] - 7t^2$

d) $-[3x \cdot (4y + 12z) - (9x + y) \cdot (6z - 3x)]$

e) $3(\frac{2}{3}x + 7) - (\frac{3}{2}x - \frac{3}{4}y) \cdot (\frac{2}{3}x - \frac{1}{2}y)$

f) $-(\frac{1}{5}u - \frac{2}{7}v) \cdot (\frac{1}{2}u - \frac{14}{24}v) - 3v^2$

ÜBUNG 9 Fülle die Lücken. Es sind Terme *oder* Rechenzeichen einzusetzen.

a) $(3y - 5x) \cdot (8x + 3y) = $ ⬚ $+ 9y^2 - $ ⬚ $- 15xy$

b) $(3a - 7b) \cdot (4c + 9d) = 12ac + $ ⬚ $- $ ⬚ $- 63bd$

c) $(4u + 7v) \cdot (4u - 6v) = 16u^2$ ⬚ $24uv$ ⬚ $28uv$ ⬚ $42v^2$

d) $x^2 + 4x + 3x + 12 = ($ ⬚ $+$ ⬚ $) \cdot (x + 4)$

ÜBUNG 10 Berechne mithilfe der binomischen Formeln.

a) $(3x + 7)^2 = $

b) $(4a - 5b)^2 = $

c) $(6c + 4d) \cdot (6c - 4d) = $

d) $(-4w - 3u)^2 = $

e) $(\frac{1}{4}z - a) \cdot (\frac{1}{4}z + a) = $

f) $(\frac{4}{5} - \frac{3}{4}q) \cdot (\frac{4}{5} + \frac{3}{4}q) = $

ÜBUNG 11 Löse die Klammern auf und fasse so weit wie möglich zusammen. Schreibe in dein Übungsheft.

a) $(5m - 3n)^2 + 4 \cdot (4n + 2m)^2$

b) $(13v - 6w)^2 + 7v \cdot (9 - 8w)$

c) $5 \cdot [3a^2 - (2b - 6a)^2] - 12a \cdot 5b$

d) $[-6 \cdot (3m - 15n)]^2 - (5m - 3) \cdot (5m + 3)$

e) $(5x + 7y)^2 + (2y - 3x) \cdot (7x + 2y) - (6x + 3y)^2$

f) $(a - 5b)^2 - [2 \cdot (a + 5b)^2 - (6a - 4b) \cdot (6a + 4b)]$

1.3 Terme mithilfe der binomischen Formeln vereinfachen

Du kannst die binomischen Formeln zum Vereinfachen von Rechenausdrücken benutzen. Oft kann man mithilfe der binomischen Formeln auch „schwierige Aufgaben" im Kopf rechnen.

$a^2 + 2ab + b^2 = (a + b)^2$
$a^2 - 2ab + b^2 = (a - b)^2$
$a^2 - b^2 = (a + b) \cdot (a - b)$

Kopfrechnen mit der 3. binomischen Formel:
Die Differenz zweier Quadrate kann man mit der 3. binomischen Formel in ein Produkt umwandeln.

Berechne $98^2 - 97^2$ im Kopf:
$98^2 - 97^2 = (98 - 97) \cdot (98 + 97)$
$\qquad\qquad = 1 \cdot 195$
$\qquad\qquad = 195$

Umgekehrt kann man manche Produkte geschickt in die Differenz zweier Quadrate umwandeln.

Berechne $49 \cdot 51$ im Kopf:
$49 \cdot 51 \quad = (50 - 1) \cdot (50 + 1)$
$\qquad\quad = 50^2 - 1^2$
$\qquad\quad = 2500 - 1$
$\qquad\quad = 2499$

Vereinfachen mit 1. und 2. binomischer Formel:
Man kann Summen oder Differenzen mit der 1. bzw. 2. binomischen Formel in ein Produkt umwandeln, wenn darin bereits eine der binomischen Formeln „versteckt" ist.
Dazu musst du die beiden quadratischen Glieder und das gemischte Glied des Binoms erkennen.

$a^2 - 2ab + b^2$

$81x^2 - 72xy + 16y^2$

$= (9x)^2 - 2 \cdot (9x) \cdot (4y) + (4y)^2$

$= (9x - 4y)^2$

NR:
$a^2 = 81x^2$
$a = 9x$

$b^2 = 16y^2$
$b = 4y$

Probe:
$2 \cdot 9x \cdot 4y$
$= 72xy$

Manchmal musst du zuerst gemeinsame Faktoren ausklammern.

$36x^2 + 48x + 16$

$= 4 \cdot (9x^2 + 12x + 4)$

$= 4 \cdot ((3x)^2 + 2 \cdot 3x \cdot 2 + 2^2)$

$= 4 \cdot (3x + 2)^2$

NR:
$a^2 = 9x^2$
$a^2 = (3x)^2$

$b^2 = 4 = 2^2$

Probe:
$2 \cdot ab$
$= 2 \cdot 3x \cdot 2$
$= 12x$

ÜBUNG 12 Fülle die Lücken.

a) $4x^2 + 12x + 9 = (2x)^2 + 2 \cdot \boxed{} \cdot \boxed{} + 3^2$

$= (2x + \boxed{})^2$

b) $9 - 6a + a^2 = (\boxed{})^2 - 2 \cdot 3a + (\boxed{})^2$

$= (\boxed{} - \boxed{})^2$

c) $169x^2 - 256y^2 = (\boxed{})^2 - (\boxed{})^2$

$= (\boxed{} + \boxed{})(\boxed{} - \boxed{})$

$(a+b)^2 = a^2 + 2ab + b^2$
$(a-b)^2 = a^2 - 2ab + b^2$
$(a+b)(a-b) = a^2 - b^2$

Was hat der Term $4x^2 + 4x + 1$ mit dem Term $(a+b)^2$ zu tun?

Mit etwas Übung siehst du: $4x^2 + 4x + 1 = (2x+1)^2$. Mit diesem Trick kannst du viele Terme vereinfachen.

ÜBUNG 13 Überlege dir zunächst, welche binomische Formel anzuwenden ist. Rechne anschließend in deinem Übungsheft wie in den Beispielen.

Beispiele: $25a^2 + 20ab + 4b^2 = (5a)^2 + 2 \cdot 5a \cdot 2b + (2b)^2 = (5a + 2b)^2$

$16m^2 - 24mn + 9n^2 = (4m)^2 - 2 \cdot 4m \cdot 3n + (3n)^2 = (4m - 3n)^2$

$4x^2 - 169 = (2x + 13) \cdot (2x - 13)$

a) $49x^2 - 70x + 25$

b) $196a^2 + 140ab + 25b^2$

c) $16m^2 - 81$

d) $\frac{1}{4}a^2 + 4a + 16$

e) $\frac{1}{16}k^2 - \frac{1}{2}kw + w^2$

ÜBUNG 14 Klammere zunächst den angegebenen Faktor aus. Faktorisiere anschließend mithilfe der binomischen Formeln.

a) Faktor 2: $\quad 2x^2 + 36x + 162 =$ $2 \cdot x^2 + 2 \cdot 18x + 2 \cdot 81$

$= 2 \cdot (x^2 + 18x + 81) \quad$ 1. binomische Formel

$= 2 \cdot (x^2 + 2 \cdot x \cdot 9 + 9^2) = 2 \cdot (x + 9)^2$

b) Faktor 4: $\quad 4m^2 - 40m + 100 =$

$=$

$=$

c) Faktor 3: $27a^2 - 72ab + 48b^2 =$

$=$

$=$

d) Faktor 6: $\quad \frac{6}{4}x^2 + 18x + 54 =$

$=$

$=$

ÜBEN

Klassenarbeit 1

 45 Minuten

AUFGABE 1 Schreibe ohne Klammer.

a) $4(-6y + 13) =$

b) $(3x - 18) \cdot \frac{1}{2} =$

c) $(\frac{6}{7}m - \frac{3}{8}n) \cdot 12 =$

d) $(\frac{2}{3}a - \frac{4}{9}b) : \frac{1}{3} =$

e) $-\frac{3}{4}st(\frac{4}{7}s - \frac{4}{14}t) =$

AUFGABE 2 Multipliziere aus und fasse zusammen.

a) $6(12x - 7y) - 4x + 7y(-13x) - (7 - 5y)$ =

= =

b) $(35ab - [33a - (19b - 37ab) - 51] - 48b)$

= =

=

c) $-[-27x - 7 \cdot (12 + 17y) - 5 \cdot (-25x + 18) - 9y]$

= =

=

d) $(-\frac{3}{5}x + \frac{4}{9}y) \cdot \frac{5}{9} - (\frac{4}{5}x - \frac{1}{9}y)$ =

= =

AUFGABE 3 Klammere geschickt aus.

a) $54x^2y^2z - 12xy^2z + 72xyz^2$ b) $63a^3b^3c - 91a^2b^3c^2 - 35a^2b^2c - 56a^2b^2c^3$

= =

= =

AUFGABE 4 Fülle die Lücken.

a) $(15x - 3) \cdot (7 + 12y) = 105x +$ ____ $- 21 -$ ____

b) $(-5x - 3b) \cdot (-x + 5b) = 5x^2$ ____ $25bx$ ____ $3bx$ ____ $15b^2$

AUFGABE 5 Multipliziere und fasse so weit wie möglich zusammen.

a) $(3x - 7) \cdot (12 + 8x)$

=

=

b) $(6x^2y - 15xy^2) \cdot (-3y^2x - 4yx^2)$

=

=

c) $-[15x \cdot (7y + 5z) - (9x + 5y) \cdot (12z - 8x)]$

=

=

=

=

d) $(-\frac{3}{5}x + \frac{4}{9}y) \cdot (\frac{4}{5}x - \frac{1}{9}y)$

=

=

=

=

AUFGABE 6 Berechne mithilfe der binomischen Formeln.

a) $(6a + 7)^2 = $

b) $(8x - 12y)^2 = $

c) $(-\frac{1}{3}m - \frac{1}{4}n)^2 = $

d) $(\frac{3}{4}h + \frac{2}{5}i) \cdot (\frac{3}{4}h - \frac{2}{5}i) = $

AUFGABE 7 Löse die Klammern auf und fasse so weit wie möglich zusammen.

a) $[-7(5a - 13b)]^2 - 12a \cdot 3b$

=

=

=

=

b) $(4x - 5y)^2 - [(6x - 4y) \cdot (6x + 4y) - 2 \cdot (x + y)^2]$

=

=

=

=

AUFGABE 8 Klammere zunächst einen geeigneten Faktor aus und faktorisiere dann mithilfe der binomischen Formeln.

a) $48a^2 - 72ab + 27b^2$

=

=

=

b) $\frac{1}{3}x^2 + 4\frac{2}{3}x + 16\frac{1}{3}$

=

=

=

TESTEN

Klassenarbeit 2

 AUFGABE 9 Multipliziere aus.

a) $2x \cdot (3x + 4y) =$

b) $-3a \cdot (5a - 13b) =$

 AUFGABE 10 Klammere so viele Faktoren wie möglich aus.

a) $7xy - 28y =$

b) $ab - ab^3 =$

c) $-105x^3z + 63x^2z^2 =$

 AUFGABE 11 Gegeben sind die Terme (I) $\frac{1}{3}(-x + 2) + \frac{11}{6}x - \frac{14}{3}$ und (II) $-\frac{2}{3}\left(3 - \frac{9}{4}x\right) + 2$.

a) Überprüfe durch Umformen, ob Term (I) äquivalent ist zu dem Term $\frac{3}{2}x - 4$.

b) Überprüfe durch Umformen, ob Term (II) äquivalent ist zu dem Term $\frac{3}{2}x - 4$.

c) Bereche den Wert des Terms (I) für $x = 1$.

d) Bereche den Wert des Terms (II) für $x = \frac{2}{3}$. (Tipp: Rechne clever!)

 AUFGABE 12 Multipliziere mithilfe der binomischen Formeln aus.

a) $(3a - 12b)^2 =$

b) $\left(\frac{1}{2}x + 8y\right)^2 =$

c) $(7x - 2y)(7x + 2y) =$

 AUFGABE 13 Wähle aus den ganzen Zahlen von −10 bis 10 (−10; −9; … 8; 9; 10) zwei verschiedene Zahlen aus, sodass sich für den Term $(a - b)^2$ der größtmögliche Wert ergibt.
Wie viele Möglichkeiten gibt es? (Es sind mehr Schreibfelder abgedruckt, als es Möglichkeiten gibt.)

a =   b =

a =   b =

a =   b =

a =   b =

TESTEN

14

AUFGABE 14 Fülle die Lücken.

a) ⬜ w (12 ⬜ − 9y + z) = 6wx − ⬜ wy + $\frac{1}{2}$ wz

b) 15a + 27 ⬜ − 3a² = ⬜ (5 + 9b − ⬜)

c) 25x² − ⬜ + 49y² = (5x − 7y)²

d) 100s² + ⬜ + 81t² = (⬜ + 9t)²

AUFGABE 15 In der Abbildung wurde jeweils ein großes Quadrat in kleinere Flächen zerlegt. Zwei dieser Flächen – die weiße und die graue – sind jeweils wieder Quadrate. Die Maße sind zum Teil bekannt. Stelle je einen Term für den Flächeninhalt der grauen Quadrate auf und berechne dann, für welches x ihre Flächeninhalte gleich sind. (Hinweis: Die Abbildung ist nicht maßstabsgerecht.)

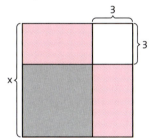

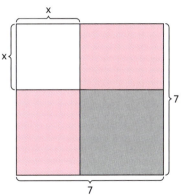

AUFGABE 16 Berechne die Fläche der abgebildeten Figur ...

a) als Summe von Flächen, d.h., indem du einzelne Teilflächen addierst.
b) als Differenz von Flächen, d.h., indem du von einer „zu großen" Fläche einzelne Teilflächen subtrahierst.
c) Zeige die Äquivalenz der Terme durch vollständiges Vereinfachen.

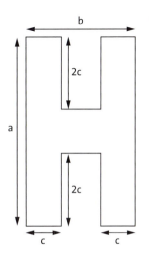

TESTEN

Zuordnungen und Funktionen

2.1 Darstellung von Zuordnungen

In der Mathematik beschreibt man **Beziehungen** zwischen Größen aus zwei Mengen durch **Zuordnungen.** Durch die Zuordnungen entstehen **Wertepaare.**

Anzahl der Eiskugeln → Preis
Erreichte Punktzahl → Note
Schüler/in → Lieblingsessen
Wertepaar: (Felix | Spaghetti)

Zuordnungen werden auf unterschiedliche Weisen dargestellt.

Wichtig ist, dass man die Informationen in der Darstellung gut ablesen kann.

Zuordnungen können mithilfe von **Texten** beschrieben werden.

Eine Eiskugel kostet 50 Cent.
Jeder Zahl wird ihr Dreifaches zugeordnet.

Viele Zuordnungen lassen sich übersichtlich mithilfe von **Pfeildiagrammen** darstellen.

Schüler ⟶ Haustier

Felix   Hamster
Marc   Vogel
Lisa   Hund
Lara   Katze

Um Mengen- oder Größenverhältnisse darzustellen, bietet sich das **Säulendiagramm** an.

Hinweis: Auch mit anderen Diagrammen wie dem **Kreisdiagramm** kannst du Mengen- oder Größenverhältnisse darstellen.

Mit **Termen** kannst du
- Größenverhältnisse beschreiben,
- Rechenvorschriften angeben.

$x \longmapsto 3x$: jeder Zahl wird ihr Dreifaches zugeordnet.
$f(x) = 3x$ (*Lies:* Funktionswert von x ist gleich 3x)

Häufig werden Zuordnungen tabellarisch dargestellt.

Hat man allerdings zu viele Daten, so ist eine **Tabelle** unübersichtlich.

Alter in Jahren	Größe in m
1	0,80 m
2	0,85 m
3	0,92 m

Wertepaare: (1 | 0,8); (2 | 0,85) usw.

Besonders übersichtlich kann man Zuordnungen darstellen, indem man die Wertepaare als Punkte in ein **Koordinatensystem** zeichnet. Diese Form der Darstellung heißt **Graph** der Zuordnung. Anhand eines Graphen sind Verläufe und Zusammenhänge besonders gut erkennbar.

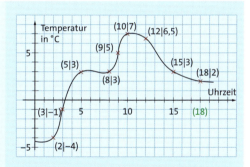

Merke: Die Punkte werden häufig durch eine Linie miteinander verbunden. Dies ist jedoch nicht in jedem Fall sinnvoll!

Du kennst bereits **proportionale Zuordnungen**. Ihre allgemeine Zuordnungsvorschrift lautet: $y = m \cdot x$ mit $m \in \mathbb{Q}$.
Diese Zuordnungen kannst du leicht erkennen, denn:
1. Alle Wertepaare $(x \mid y)$ bzw. $(x \mid mx)$ sind **quotientengleich**:

$$\frac{y}{x} = \frac{m \cdot x}{x} = m \ (x \neq 0)$$

2. Der Graph einer proportionalen Zuordnung liegt auf einer **Geraden**, die durch den Ursprung geht.

Kinobesuch: *Je mehr* Karten gekauft werden, *desto mehr* muss man zahlen.

x Anzahl der Tickets	y Preis
0	0,00 €
1	6,50 €
5	32,50 €
30	195,00 €

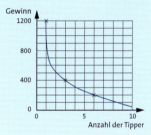

Du kennst ebenfalls **indirekt (umgekehrt) proportionale Zuordnungen**. Ihre allgemeine Zuordnungsvorschrift lautet:

$$y = \frac{k}{x} \text{ mit } k \in \mathbb{Q}, x \neq 0$$

Beachte: für $x = 0$ ist die Zuordnung nicht definiert.
Auch diese Zuordnungen kannst du leicht erkennen:
1. Alle Wertepaare $(x \mid y)$ bzw. $(x \mid \frac{k}{x})$ sind **produktgleich**:

$$x \cdot y = x \cdot \frac{k}{x} = k$$

2. Der Graph einer umgekehrt proportionalen Zuordnung liegt auf einer **Hyperbel**.

Lottogewinn einer Tippgemeinschaft: *Je mehr* Gewinner, *desto weniger* gewinnt der Einzelne.

x Anzahl der Tipper	y Gewinn der einzelnen Tipper
1	1200 €
3	400 €
6	200 €

17

WISSEN

ÜBUNG 1   Betrachte die Darstellung der Zuordnung und beantworte die Fragen.

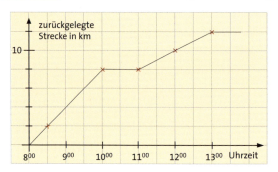

a) Welche Größen werden einander zugeordnet?

b) Um welchen Sachverhalt könnte es sich handeln? Vielleicht fallen dir hierzu
mehrere Möglichkeiten ein!

c) Suche dir einen Sachverhalt aus und schreibe dann eine passende Geschichte
in dein Heft unter Berücksichtigung der obigen Abbildung.

 ÜBUNG 2   Betrachte folgende Grafik und beantworte anschließend die Fragen.

a) Wie hoch ist die Durch-
schnittstemperatur im
Februar?

b) In welchem Monat ist
die durchschnittliche Tem-
peratur ähnlich wie
im Februar?

c) Welcher Monat ist der
wärmste?

d) Welcher Monat ist der
kälteste?

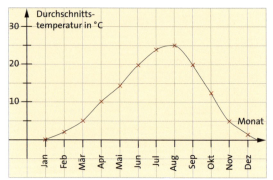

ÜBUNG 3   Die folgenden Graphen zeigen den Verlauf eines 3000-Meter-Laufes von mehreren Teilnehmerinnen. Beschreibe die Läufe. Die Fragen können dir dabei helfen.

a) Wer war die Schnellste?
b) Welche Läuferin hat während der gesamten Zeit die Geschwindigkeit beibehalten?
c) Wer ist schnell gestartet, dann aber zurückgefallen?
d) Welche Läuferin hat ihr Tempo nach einem langsamen Start kontinuierlich gesteigert?
e) Wer hat das Ziel nicht erreicht?

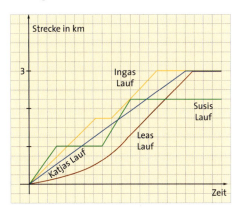

ÜBUNG 4   Klassensprecherwahl: Die Klasse 8a hat 30 Schülerinnen und Schüler. Die Kandidatinnen und Kandidaten für die Wahl sind Maren, Lisa, Dominik, Marcel und Felix, wobei folgendermaßen abgestimmt wurde:

Kandidat(in)	Anzahl der Stimmen	entsprechender Winkel im Kreisdiagramm
Maren	⊪⊪ ⊪⊪ ‖ (12)	
Lisa	⊪⊪	
Dominik	⊪⊪ ‖‖	
Marcel	‖‖	
Felix	‖	
Abgegebene Stimmen	30	360°

a) Stelle diese Stimmenverteilung in deinem Übungsheft in einem Säulendiagramm dar.
b) Übertrage nun die Werte in ein Kreisdiagramm. Berechne zunächst die entsprechenden Winkel. (Tipp: 1 Stimme entspricht 360° : 30 = 12°.) Trage deine Ergebnisse in die obige Tabelle ein.

ÜBUNG 5   Die Bahnfahrt am Wandertag kostet für jede Schülerin und jeden Schüler 5,50 €. Stelle die Kosten für zwei bis sechs Schüler und Schülerinnen in einer Tabelle dar. Übertrage dann die Werte in ein Koordinatensystem. Achte hierbei auf die richtige Beschriftung und eine sinnvolle Einteilung der Achsen!

ÜBEN

2.2 Funktionen und Funktionsgraphen

Eine Funktion ist eine Zuordnung, bei der jedem Element der **Definitionsmenge** genau ein Element der **Wertemenge** zugeordnet wird.

Definitionsmenge: Die Definitionsmenge D_f einer Funktion f beinhaltet die Werte, die man für x einsetzen muss.

Wertemenge: Die Wertemenge W_f einer Funktion f beinhaltet die Werte, die man für y erhält.

Den Wert einer Funktion f für x bezeichnet man mit f(x).

Beispiele:
1. f: $y = 2x + 1$; $D_f = \mathbb{Q}$; $W_f = \mathbb{Q}$

2. f:

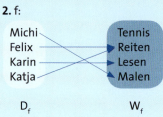

D_f W_f

Funktionsgraphen zeichnen

Wertetabelle anlegen: Mithilfe einer Wertetabelle kannst du dir nur einen ersten (groben) Überblick über die Eigenschaften einer Funktion verschaffen. Lege zunächst fest, welchen Ausschnitt der Funktion du grafisch darstellen willst und fertige hierzu eine entsprechende Wertetabelle an.
Bestimme insbesondere auch den **Schnittpunkt** S_y mit der y-Achse. Diesen erhältst du, indem du für x den Wert 0 einsetzt und den zugehörigen y-Wert berechnest: x = 0 und **y = f(0)**. Du erhältst: S_y (0 | f(0))

Graph und Koordinatensystem zeichnen:
1. Lege fest, welche Größe die unabhängige ist (x-Achse) und welche die abhängige (y-Achse) ist.
2. Überlege dir eine sinnvolle Einteilung für die x-Achse.
3. Passe nun entsprechend der Zuordnung die Einteilung der y-Achse an.
4. Zeichne das Koordinatensystem. Beschrifte die Achsen.
5. Trage die Wertepaare als Punkte in das Koordinatensystem ein. Verbinde sie ggf. durch eine Linie.

Zeit in h	0	1	2	3	4	5	6
Weg in km	0	10	20	30	45	60	70

Der Weg wird in Abhängigkeit von der Zeit gemessen. D. h., der *Weg* ist die *abhängige* Größe und wird auf der *y-Achse* abgetragen. Die *Zeit* ist die *unabhängige* Größe und wird daher auf der *x-Achse* abgetragen.

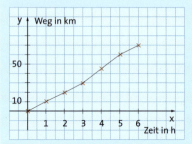

Im Folgenden schreiben wir nur noch die *Funktionsnamen* bzw. die *Funktionsterme* an die Graphen.

WISSEN

Eigenschaften von Graphen

Den **Schnittpunkt** S_y **mit der y-Achse** kannst du aus dem Funktionsgraphen ablesen oder berechnen, indem du für x den Wert 0 einsetzt.
Du erhältst: S_y (0 | f(0)).

Die **Nullstelle** x_0 eines Funktionsgraphen kannst du dort ablesen, wo der Funktionsgraph die x-Achse schneidet: **y = 0** bzw. **f(x_0) = 0.** Du erhältst als Schnittpunkt mit der x-Achse: N (x_0 | 0).

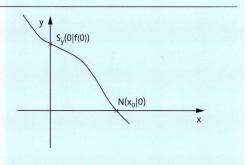

Der Graph G_1 einer Funktion f_1 ist **achsensymmetrisch** zu einer Achse a, wenn er durch **Spiegelung** an a zur Deckung mit sich selbst kommt.

Der Graph G_2 einer Funktion f_2 ist **punktsymmetrisch** zum Punkt P, wenn er bei Drehung um 180° um P mit sich selbst zur Deckung kommt.

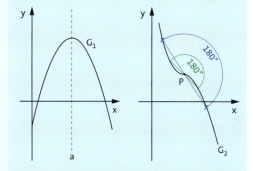

Der Graph einer Funktion ist **monoton steigend,** wenn bei steigenden x-Werten auch die zugeordneten y-Werte größer werden oder gleich bleiben.
Der Graph ist **monoton fallend,** wenn bei steigenden x-Werten die zugeordneten y-Werte kleiner werden oder gleich bleiben.

Der größte y-Wert einer Funktion (im betrachteten Intervall) heißt **Maximum** und der kleinste y-Wert heißt **Minimum.** Maximum und Minimum heißen auch **Extrema.** Die zugehörigen x-Werte nennt man **Extremstellen.** Die zugehörigen Punkte des Graphen heißen Hochpunkt bzw. Tiefpunkt.

Mithilfe der Extrema, der Symmetrie- und Monotonieeigenschaften kannst du Funktionsgraphen gut beschreiben:
Du kannst angeben ob der Graph symmetrisch ist, in welchen Bereichen der Graph steigend, fallend bzw. gleich bleibend ist und wo die Hoch- und Tiefpunkte liegen.

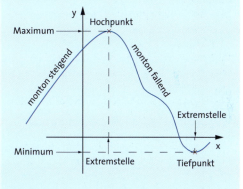

WISSEN

ÜBUNG 6 Welche der folgenden Darstellungen sind Darstellungen von Funktionen? Begründe deine Antwort.

a) hat folgende Schwestern

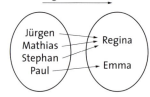

b) hat folgende Brüder

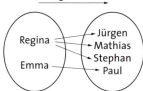

c)

x	y
3	5
7	3
12	17
−3	9
3	8
17	18
20	40

d)

e)

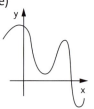

f)

ÜBUNG 7 Beschreibe die Eigenschaften des abgebildeten Graphen.

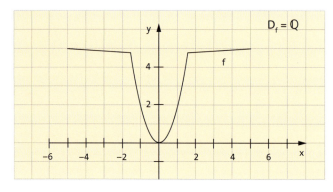

a) Gib die Wertemenge als Intervall an: $W_f = [;]$

b) Ist der Graph achsen- oder punktsymmetrisch? Begründe deine Antwort.

c) Wo ist der Graph monoton steigend, wo monoton fallend?

d) Gib das Minimum an:

ÜBUNG 8 Beschreibe die Eigenschaften des abgebildeten Graphen.

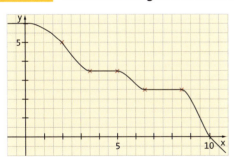

a) Ist der Graph symmetrisch?

b) Wo ist der Graph monoton steigend bzw. monoton fallend?

c) Gib die Schnittpunkte mit der x-Achse und die Schnittpunkte mit der y-Achse an.

ÜBUNG 9 Achtung, ein verflixter Graph. Versuche, auch diesen Graphen so genau wie möglich zu beschreiben und beantworte die Fragen in deinem Übungsheft.

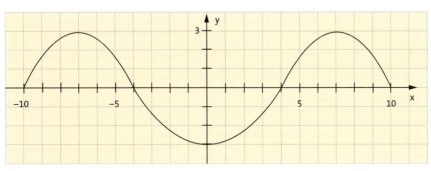

a) Gib die Wertemenge W_f an.
b) Ist der Graph achsen- oder punktsymmetrisch? Begründe deine Antwort.
c) Gib die Intervalle an, innerhalb derer der Graph monoton steigend/fallend ist.
d) Betrachte nun die Extrema der Funktion und gib die Hoch- und die Tiefpunkte des Graphen an.
e) Gib die Schnittpunkte mit der x-Achse und die Schnittpunkte mit der y-Achse an.

ÜBEN

ÜBUNG 10 Sieh dir den Funktionsgraphen genau an.

a) Wo ist der Graph steigend bzw. fallend?

b) Kann man einen Hochpunkt erkennen?

c) Kann man einen Tiefpunkt erkennen?

d) Gib den Schnittpunkt mit der x-Achse an.

e) Gib den Schnittpunkt mit der y-Achse an.

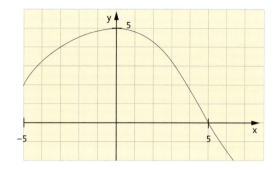

ÜBUNG 11 Entdecke die Eigenschaften des Graphen.

a) Schreibe an das jeweilige Teilstück des Graphen: *fallend, steigend bzw. gleich bleibend.*

b) Markiere den Hochpunkt rot und schreibe dessen Koordinaten auf:

c) Markiere den Tiefpunkt blau und schreibe dessen Koordinaten auf:

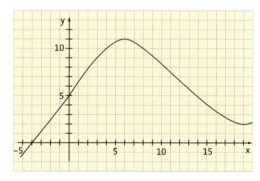

ÜBUNG 12 Bearbeite folgende Aufgabe in deinem Heft. Skizziere den möglichen Graphen einer Funktion, von der du Folgendes weißt:

1. Definitionsmenge und Wertemenge sind jeweils die rationalen Zahlen.
2. Der Graph ist weder punkt- noch achsensymmetrisch.
3. Der Graph ist im ersten und vierten Quadranten bis zum Hochpunkt monoton steigend, im zweiten und dritten Quadranten monoton fallend.
4. Der Tiefpunkt ist T (0|−4), der Hochpunkt H (11|9).
5. Ein Schnittpunkt mit der x-Achse ist N (−4|0).

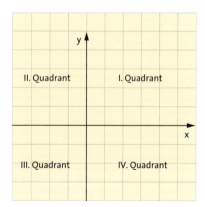

ÜBUNG 13 Bearbeite folgende Aufgabe im Heft. Sibylle will vor ihrem Urlaub Geld wechseln. Bei der Bank erhält sie 7,50 dkr (Dänische Kronen) für einen Euro.

a) Welche Größen werden einander zugeordnet?
b) Welche Größe soll die unabhängige Größe (x-Achse) sein?
c) Welche Größe soll die abhängige Größe (y-Achse) sein?
d) Zeichne ein Koordinatensystem in dein Heft. Beschrifte die Achsen und überlege dir eine sinnvolle Einteilung. Lege eine Tabelle an und zeichne anschließend den Graphen.

ÜBUNG 14 Die beiden Dörfer Schönborn und Wintershausen verbindet ein herrlicher Radweg. Manfred startet in Schönborn zur gleichen Zeit wie Hubert in Wintershausen. Die folgende Skizze gibt den genauen Verlauf der Fahrten an.

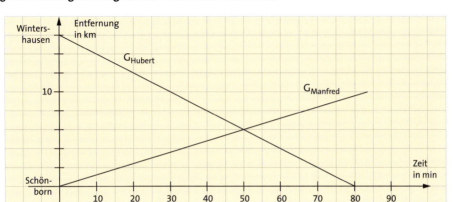

a) Nach wie viel Minuten treffen sich die beiden?

b) Wie viel Kilometer musste Manfred bis zum Treffpunkt fahren?

c) Wie viel Kilometer musste Hubert bis zum Treffpunkt fahren?

d) Wie viel Minuten braucht Hubert bis Schönborn?

e) Wie viel Zeit braucht Manfred wahrscheinlich für die Strecke nach Wintershausen?

ÜBUNG 15 Das Bauunternehmen Witzig und Töchter baut das Einfamilienhaus der Familie Poor. Vier Arbeiter bewältigen die anstehenden Arbeiten in 30 Tagen.

a) Wie lange würden die Arbeiten dauern, wenn ein Arbeiter vor Beginn der Arbeiten krank würde und kein Ersatz käme?

b) Wie lange würde es dauern, wenn die vier zu Beginn der Arbeiten noch einen (noch zwei) Kollegen als Verstärkung bekämen?

c) Schreibe die Werte in eine Tabelle und zeichne den zugehörigen Graphen. Beschrifte die Achsen.

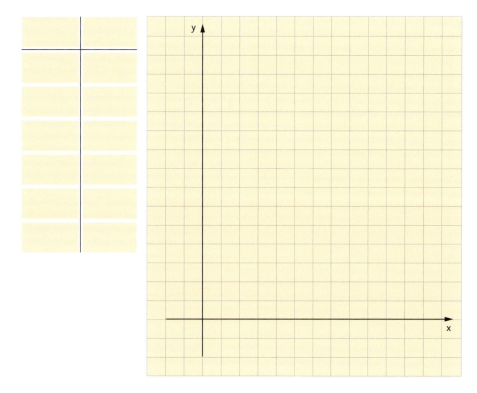

26

2.3 Lineare Gleichungen

Lineare Gleichungen mit einer Variablen

Lineare Gleichungen mit einer Variablen (hier: x) lassen sich durch Äquivalenzumformungen immer in die folgende Form bringen: x = b; wobei **b** eine Konstante ist.	$5x + 7 = 32$ $5x = 25$ $x = 5$	$\lvert -7$ $\lvert : 5$
Gleichungen umformen:	$3x + 14 + (2x - 7) = 7x - (17 - 4x)$	
1. Klammern auflösen	$3x + 14 + 2x - 7 = 7x - 17 + 4x$	
2. zusammenfassen	$5x + 7 = 11x - 17$	$\lvert -7$
3. ordnen	$5x = 11x - 24$	$\lvert -11x$
4. ordnen	$-6x = -24$	$\lvert : (-6)$
5. Variable isolieren	$x = 4$	

Lineare Gleichungen mit zwei Variablen

Lineare Gleichungen mit zwei Variablen (hier x und y) lassen sich durch Äquivalenzumformungen immer in die folgende Form bringen: y = m · x + b; m und b sind Konstanten	$3x + y = 15$ $y = -3x + 15$	$\lvert -3x$
Gleichungen umformen:	$12x - 2 + 2 \cdot (2y - 3) = 8$	
1. Klammern auflösen	$12x - 2 + 4y - 6 = 8$	
2. zusammenfassen	$12x + 4y - 8 = 8$	$\lvert +8$
3. ordnen	$12x + 4y = 16$	$\lvert -12x$
4. ordnen	$4y = -12x + 16$	$\lvert : 4$
5. Variable isolieren	$y = -3x + 4$	

WISSEN

WISSEN

Äquivalenzumformungen

Du weißt, dass man durch **Äquivalenz-umformungen** eine Gleichung umformen und ordnen kann, ohne die Lösungsmenge zu verändern. Folgende Äquivalenzumformungen kennst du bereits:

■ **Beidseitige Addition (Subtraktion)** der gleichen Zahl (des gleichen, über der Grundmenge definierten Terms).

■ **Beidseitige Multiplikation** mit einer von 0 verschiedenen Zahl bzw. **beid-seitige** Division durch eine von 0 verschiedene Zahl.

Mithilfe dieser Umformungen kannst du die **Variable isolieren**, d.h. die Gleichung „nach x auflösen": $x = b$.

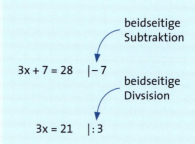

beidseitige Subtraktion

$3x + 7 = 28 \quad | -7$

beidseitige Divsision

$3x = 21 \quad | : 3$

$x = 7$ ← Variable ist isoliert

$L = \{7\}$
Probe: $3 \cdot 7 + 7 = 28$

 **ÜBUNG 16**   Löse folgende Gleichungen durch Äquivalenzumformungen.

a) $3x + 6 = 33 \qquad | -6$

   $3x \quad = 27 \qquad | : 3$

   $x \quad = \boxed{}$

   $L = \{ \boxed{} \}$

   Probe: $3 \cdot \boxed{} + 6 = 33$

b) $\frac{2}{5}x - 21 = -35$

c) $8x + 2 = 4x + 34 \quad | -4x$

   $\boxed{} + 2 = 34 \quad | -2$

   $4x \quad = \boxed{} \quad | : 4$

   $x \quad = 8$

   $L = \{ \boxed{} \}$

   Probe: $8 \cdot 8 + 2 = 4 \cdot 8 + 34$

d) $9,4y - 6,4 = 2,2y + 15,2$

ÜBEN

ÜBUNG 17 Fülle die Lücken.

a) $3x + 5 = x + \boxed{}$ mit L = {3} b) $8x - \boxed{} = 10x + 1$ mit L = {−5}

WISSEN ➕

Ungleichungen lösen

Ungleichungen werden genauso gelöst wie Gleichungen: Mithilfe von Äquivalenzumformungen wird x isoliert, sodass du die Lösung leicht ablesen kannst.

Achtung: Wenn du eine Ungleichung mit einer **negativen Zahl** multiplizierst oder durch eine negative Zahl dividierst, musst du das **Ungleichheitszeichen umdrehen.**

Notiere die Lösungsmenge folgendermaßen: L = {x | x < a} bzw. L = {x | x > a}. („Die Menge aller x, die kleiner bzw. größer als a sind.")

$$5 > 0 \quad | : (-1)$$
$$-5 < 0$$

$$-9x < -27 \,|:(-9) \qquad -15x > 45 \ \ |:(-15)$$
$$x > 3 \qquad\qquad\qquad x < -3$$

L = {x | x > 3}
Die Lösungsmenge ist die Menge aller Zahlen, die größer als 3 sind.

L = {x | x < −3}
Die Lösungsmenge ist die Menge aller Zahlen, die kleiner als −3 sind.

ÜBUNG 18 Löse folgende Ungleichungen durch Äquivalenzumformungen.

a) $-3(x - 2) < x - 10$ | Ausmultiplizieren   b) $5 - 8x \geq 6x - 9$

$\quad -3x + 6 \ < x - 10$ $|-x$

$\quad -4x + 6 \ <\ \boxed{}$ $|-6$

$\quad -4x \quad\ \ <\ \boxed{}$ $|:(-4)$

$\quad x \qquad\quad\ \boxed{}$

L = { x | x > $\boxed{}$ }

ÜBUNG 19 Wo stecken die Fehler? Finde und korrigiere sie.

ACHTUNG FEHLER

a) $-3x < -36$ $|:(-3)$
$\quad x \quad < 12$

b) $14 - 5x \geq 29$ $|-14$
$\quad\ 5x \qquad \geq 15$
$\quad\ x \qquad\ \geq 3$

ÜBEN

ÜBUNG 20 Löse folgende Gleichungen und Ungleichungen und gib jeweils die Lösungsmenge an.

a) $13 - x > 2 - x$ b) $15 - x \leq 15 + x$ c) $x + 10 = x - 3$

 ÜBUNG 21 Löse die folgenden Gleichungen und Ungleichungen nach y auf.

a) $4y + 4 = 8x$ $| - 4$

$4y \quad = 8x - 4$ $| : 4$

b) $-\frac{3}{4}x + y = 3$

c) $4x - 2y = 2$

d) $-\frac{1}{2} + y \leq -\frac{2}{3}x$

e) $4y - 6x - 3 > 0$

f) $-4 = -\frac{2}{4}x - y$

g) $24 - 3(2x - 3y) = 9$

h) $4(2y + 7) - 17 + 2(3x + y) = 29$

 ÜBUNG 22 Berechne im Heft. Löse folgende Gleichungen.

a) $12x - (16x - 20) = 174 - (42 - 20x)$

b) $11x - 3(x - 23) = -7 + 28(1,3 - x) - 18$

c) $0,3 - 1,5(0,5 - 0,5w) - 0,5\,w = 0,3$

d) $6(x - 5) = \frac{28 + 16x}{4}$

e) $\frac{2}{3}x - \frac{1}{3} = \frac{1}{2} - (\frac{1}{4} - \frac{1}{16}x)$

f) $-\frac{1}{7}(12 + 8y) = \frac{1}{7}(y - 1)$

2.4 Lineare Funktionen

Lineare Funktionen sind Funktionen, deren Graphen Geraden sind. Ihre Funktionsgleichung hat die Form
$y = f(x) = m\,x + b$;
wobei **m** die Steigung der Geraden und **b** die Schnittstelle mit der y-Achse angibt.
Definitionsmenge: $D_f = \{x \mid -\infty < x < +\infty\}$
Wertemenge: $W_f = \{y \mid -\infty < y < +\infty\}$

Ist $m > 0$, so ist die Gerade steigend.
Ist $m < 0$, so ist die Gerade fallend.
Ist $m = 0$, so ist die Gerade parallel zur x-Achse.
Schnittpunkt mit der x-Achse: $S_x \left(-\frac{b}{m} \mid 0\right)$

Schnittpunkt mit der y-Achse: $S_x \left(0 \mid b\right)$

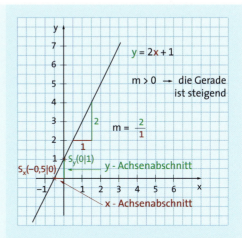

$y = 2x + 1$

$m > 0 \rightarrow$ die Gerade ist steigend

$m = \frac{2}{1}$

$S_y(0\mid1)$ y - Achsenabschnitt

$S_x(-0{,}5\mid0)$

x - Achsenabschnitt

Steigung berechnen: Mithilfe des Steigungsdreiecks kannst du die Steigung einer linearen Funktion berechnen.

$m = \dfrac{y_2 - y_1}{x_2 - x_1} = \dfrac{3}{8}$ mit $x_2 \neq x_1$

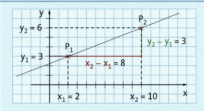

$y_2 = 6$

P_2

$y_2 - y_1 = 3$

P_1

$y_1 = 3$

$x_2 - x_1 = 8$

$x_1 = 2$ $x_2 = 10$

Zeichnen des Graphen einer linearen Funktion:
1. Mithilfe der Funktionsgleichung:
■ Lies die Steigung m aus der Funktionsgleichung ab.
■ Bestimme den Schnittpunkt S mit der y-Achse.
■ Zeichne die Gerade durch S mit der Steigung m.

2. Mithilfe von zwei Punkten:
Bestimme zwei Punkte P_1 und P_2 und zeichne die Gerade durch diese beiden Punkte.

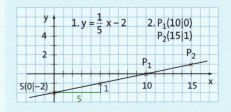

1. $y = \frac{1}{5} x - 2$ 2. $P_1(10\mid0)$
                    $P_2(15\mid1)$

P_2

P_1

$S(0\mid-2)$

Sonderfälle:
$m = 0$: $y = b$ (konstante Zuordnung)
$b = 0$: $y = m \cdot x$ (proportionale Zuordnung)

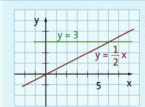

proportionale Zuordnung

konstante Zuordnung

$y = 3$

$y = \frac{1}{2} x$

ÜBUNG 23 Überprüfe rechnerisch, welcher Punkt zum Graphen der jeweiligen Funktion gehört.

	$y = -\frac{4}{3}x + 3$	$y = \frac{4}{5}x - \frac{1}{2}$	$y = -1$
A (1,5 | 1)	$1 = -\frac{4}{3} \cdot 1,5 + 3$ $1 = -\frac{4}{3} \cdot \frac{3}{2} + 3$ $1 = -2 + 3$ $1 = 1$ Der Punkt liegt auf der Geraden.		
B (−1 | −1)			

 ÜBUNG 24 Kreuze alle Funktionsgleichungen an, die zu einer linearen Funktion gehören.

☐ $x = 0$ ☐ $y = 0$ ☐ $2x - 3y = 6$ ☐ $3xy = 9$

☐ $y - 2x = 0$ ☐ $x = 6y$ ☐ $y = 6$ ☐ $y = x^2 - 8$

 ÜBUNG 25 Löse die Aufgaben zu den abgebildeten Geraden.

a) Zeichne die jeweiligen Steigungsdreiecke ein. Ermittle die Steigung m.

Beispiel: $m_3 = \frac{1}{1} = 1$.

b) Gib zu jeder Geraden die Funktionsgleichung an.

Beispiel: $y = f_3(x) = x$.

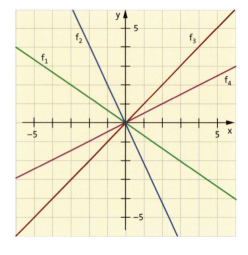

ÜBUNG 26 Welche Gleichung gehört zu welcher Geraden? Verbinde durch Pfeile.

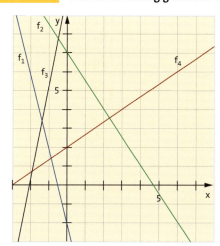

Funktions-gleichung	zugehöriger Graph
$y = \frac{2}{3}x + 2$	grüner Graph
$y = -4x - 2$	roter Graph
$y = 5x + 10$	blauer Graph
$y = -\frac{3}{2}x + 7$	schwarzer Graph

ÜBUNG 27 Bearbeite die Aufgaben in deinem Übungsheft. Zeichne die Graphen der folgenden Funktionen in ein gemeinsames Koordinatensystem.

a) $y = 2x - 3$ b) $y = -\frac{3}{2}x - 2$ c) $y = \frac{1}{4}x + 4$ d) $y = -2x + 1,5$

ÜBUNG 28 Der Punkt P liegt jeweils auf dem Graphen der angegebenen Funktion. Berechne jeweils seine fehlende Koordinate.

a) $y = 4x - 6$; $P\,(3\,|\quad)$ b) $y = -2x + 2,5$; $P\,(\quad|-1)$ c) $y = \frac{1}{2}x + 4$; $P\,(\quad|-4)$

ÜBUNG 29 Berechne die Geradensteigungen der Geraden, die durch folgende Punkte verlaufen.

a) $P_1\,(4\,|\,7)$; $P_2\,(-2\,|-5)$

b) $P_1\,(-3\,|\,2)$; $P_2\,(7\,|\,1)$

c) $P_1\,(6\,|\,8)$; $P_2\,(-9\,|\,7)$

ÜBUNG 30 Betrachte die folgenden Funktionsgleichungen.

I. $6x + 4y = 12$ II. $-\frac{1}{2}x = -9 - 3y$ III. $y - \frac{3}{4}x = 4$

a) Bestimme die Schnittpunkte der Funktionsgraphen mit der x-Achse und die Schnittpunkte mit der y-Achse.
b) Zeichne anschließend die Geraden in dein Heft.
c) Gib nun die zugehörigen Funktionsgleichungen in der Form $y = \dots$ an.

ÜBEN

2.5 Sachaufgaben lösen

Beim Lösen einer Sachaufgabe kommst du mit den folgenden Schritten immer ans Ziel: **1.** Lies dir die Aufgabenstellung gründlich und sorgfältig durch.	Katrin hat ein rotes Kleid an und ist 4-mal so alt wie Felix. Michael ist 4 Jahre älter als Katrin. Michael schenkt Felix 5 €. Zusammen sind die drei 49 Jahre alt. Wie alt sind Felix, Katrin und Michael?
Welche Informationen brauchst du zur Lösung der Aufgabe?	Du brauchst *Angaben zum Alter* der drei Personen.
2. Wo findest du die Informationen im Text? Notiere sie oder markiere sie im Text!	Katrin ist 4-mal so alt wie Felix. Michael ist 4 Jahre älter als Katrin. Das Alter der drei Personen ergibt zusammen 49 Jahre: Alter von Felix + Alter von Katrin + Alter von Michael = 49 Jahre
3. Übersetze den Sachverhalt in die Sprache der Mathematik: Wie viele Variablen brauchst du?	Wenn man das Alter von Felix kennt, weiß man, wie alt Katrin ist. Wenn man das Alter von Katrin kennt, weiß man, wie alt Michael ist. Fazit: Man braucht nur das Alter von Felix, also **eine Variable.**
4. Lege die Bedeutung der Variablen fest und drücke den Sachzusammenhang mithilfe der Variablen aus: Stelle Terme auf.	Beachte: Das Alter wird in Jahren angeben. Alter von Felix: x Alter von Katrin: $4x$ Alter von Michael: $4x + 4$
5. Überlege, welche Terme gleich sein müssen bzw. in Beziehung zueinanderstehen und stelle die passende Gleichung oder Ungleichung auf.	$x + 4x + 4x + 4 = 49$
6. Löse die Gleichung bzw. Ungleichung durch Äquivalenzumformungen nach x auf.	$x + 4x + 4x + 4 = 49$ | Zusammenfassen der Terme $9x + 4 = 49$ | -4 $9x = 45$ | $: 9$ $x = 5$
7. Führe eine Rückübersetzung in die Alltagssprache durch.	Das Alter wird in Jahren angeben $x = 5$: Alter von Felix $4x = 20$: Alter von Katrin $4x + 4 = 24$: Alter von Michael
8. Beantworte nun die gestellte Frage.	Felix ist 5, Katrin 20 und Michael 24 Jahre alt.

ÜBUNG 31 Felix spielt Fußball. Er schoss in der letzten Saison doppelt so viele Tore wie seine Freundin Emma. Benedikt schoss 4 Tore weniger als Emma. Alle drei zusammen schossen 36 Tore. Wie viele Tore erzielte jeder von ihnen?

a) Lies dir die Aufgabenstellung sorgfältig durch. Welche Informationen brauchst du zur Beantwortung der Frage?

b) Notiere die wichtigen Informationen oder markiere sie im Text.

c) Übersetze den Sachverhalt in die Sprache der Mathematik. Wie viele Variablen brauchst du?

d) Lege die Bedeutung der Variablen fest und stelle Terme auf.

e) Stelle die passende Gleichung auf.

f) Löse die Gleichung durch Äquivalenzumformungen.

g) Übersetze dein Ergebnis zurück in die Alltagssprache.

h) Beantworte die gestellte Frage.

ÜBEN

ÜBUNG 32   Sibylle, Andrea und Julia sind zusammen 74 Jahre alt. Sibylle ist vier Jahre älter als Andrea. Andrea ist doppelt so alt wie Julia. Kannst du das genaue Alter der drei Frauen berechnen? (Tipp: Verwende die Schritte 1 bis 8 von der vorigen Seite.)

 ÜBUNG 33   Eine Ausstellung wurde an zwei Tagen von 10 320 Personen besucht. Am zweiten Tag kamen 984 Besucher weniger als am ersten Tag. Wie viele Personen kamen am ersten, wie viele am zweiten Tag? (Tipp: Verwende die Schritte 1 bis 8 von der vorigen Seite.)

 ÜBUNG 34   Bäckerin Bäckle backt das beste „Spezial-Bäckle-Brot" der Region. Wenn sie den Teig dafür anrührt, nimmt sie 50 kg Mehl, und zwar eine Mischung aus Weizen und Roggen. Sie nimmt immer 15 kg mehr Weizen- als Roggenmehl. Wie viel Kilogramm von jeder Mehlsorte befinden sich in der Backmischung? (Tipp: Verwende die Schritte 1 bis 8 von der vorigen Seite.)

 ÜBUNG 35   Die 840 Schülerinnen und Schüler der Integrierten Gesamtschule „Kinderfroh" kommen aus drei verschiedenen Orten: aus Ostern, aus Western und aus Nordern. Es kommen 90 Kinder weniger aus Ostern als aus Nordern. Aus Western dagegen kommen 66 Kinder mehr als aus Nordern. Wie viele Kinder kommen aus jedem der drei Orte? (Tipp: Verwende die Schritte 1 bis 8 von der vorigen Seite.)

 ÜBUNG 36   Zahlenrätsel: Das 6-Fache der Summe aus dem 9-Fachen der Zahl und 1 ist genau so groß wie die Differenz aus dem 12-Fachen der Zahl und 3, wenn man sie mit 4 multipliziert. (Tipp: Verwende die Schritte 1 bis 8 von der vorigen Seite.)

 ÜBUNG 37   Zahlenrätsel: Das 18-Fache einer Zahl vermehrt um das 5-Fache der um 1 vergrößerten Zahl ergibt 97.

 ÜBUNG 38   Ein Grundstück wird durch eine Erbangelegenheit auf drei Familien aufgeteilt. Familie Herrlich soll ein Drittel der Fläche erhalten, Familie Zänkig soll ein Achtel der Fläche erhalten und Familie Ehrlich stehen laut Testament 780 m² zu.

    a) Wie groß ist das Grundstück?
    b) Wie viele Quadratmeter erhalten die Herrlichs und wie viele die Zänkigs?

 ÜBUNG 39   Bei einem Fernsehverleih gibt es zwei Angebote:
Angebot A: Einmalige Zahlung von 60 € und eine Leihgebühr von 10,50 € pro Tag.
Angebot B: Keine einmalige Zahlung, dafür aber eine Leihgebühr von 12,50 € pro Tag.

    a) Wann kosten die beiden Angebote gleich viel?
    b) Welches Angebot würdest du empfehlen?

ÜBEN

Klassenarbeit 1

AUFGABE 1 Gib die Zuordnungsvorschrift an und zeichne den zugehörigen Graphen.

a) 9x + 18y = 54   b) 7x − 7y = 21

AUFGABE 2 Die beiden Dörfer Schönborn und Wintershausen verbindet ein herrlicher Radweg. Manfred und Hubert wollen gemeinsam Rad fahren. Die folgende Skizze gibt den genauen Verlauf der Fahrten an. Der rote Graph bezeichnet den Verlauf von Manfreds Tour, der blaue den Verlauf von Huberts Tour.

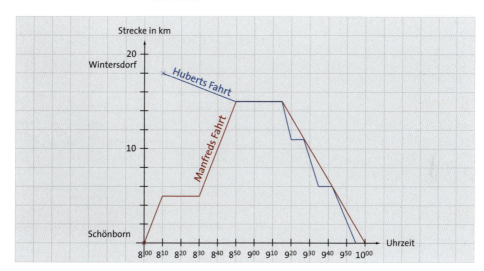

a) Wo startet Manfred?

b) Wo startet Hubert?

c) Erzähle möglichst genau, wie die Fahrten der beiden verlaufen sind.
   Folgende Begriffe helfen dir: Treffen, Startzeit, Pause, Routenverlauf, Ziel.

AUFGABE 3 Löse in deinem Heft folgende Gleichungen und Ungleichungen durch Äquivalenzumformungen.

a) $32{,}6 = \frac{1}{2}x + 75$

b) $3 - \frac{5}{2}x \leq \frac{7}{2}x + 8$

c) $12x - (16x - 20) = 174 - (42 - 20x)$

d) $11x - 3(x - 23) = -7 + 28(1{,}3 - x) - 18$

AUFGABE 4 In Kastellaun muss wegen Straßenbaumaßnahmen die Wasserzufuhr in der Friedrich-Back-Straße abgedreht werden. Sabine sucht sich deshalb alle möglichen Gefäße zusammen, um sie mit Wasser zu füllen. Bei gleichmäßigem Befüllen der Gefäße mit Wasser verändert sich die Füllhöhe in Abhängigkeit von der Zeit.

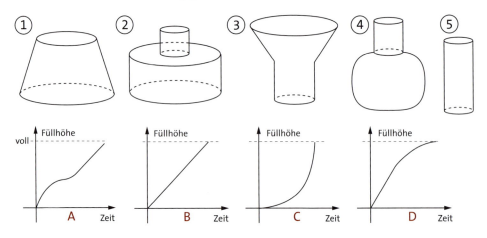

a) Schau dir die Gefäße genau an. Welcher Graph gehört zu welchem Gefäß? Begründe deine Antwort.

b) Skizziere den fehlenden Graphen.

c) Tom hat bei Gefäß 1 eine Einfüllzeit von 45 Sekunden gestoppt. Er will mit Sabine wetten, dass zum Füllen von Gefäß 5 auch mindestens 45 Sekunden benötigt werden. Würdest du dich an Sabines Stelle auf diese Wette einlassen? Begründe deine Antwort. (Hinweis: Die Gefäße sind maßstabsgerecht verkleinert.)

AUFGABE 5 Lisa, Katja und Michaela spielen jede Woche zusammen Lotto als Tippgemeinschaft. Sie zahlen dabei immer unterschiedlich viel ein. Karin zahlt immer dreimal so viel ein wie Michaela. Katja zahlt doppelt so viel ein wie Michaela. Endlich gewinnen sie, und zwar 25 740 €. Nun wollen die drei den Gewinn gerecht verteilen, und zwar entsprechend ihren Einzahlungen. Wie viel Geld bekommt jede Einzelne?

TESTEN

Klassenarbeit 2

AUFGABE 6 Welche der Schaubilder stellen keine Funktionen dar? Begründe.

a)

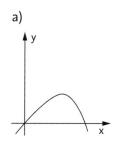

b)

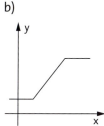

c)

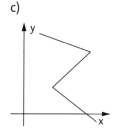

d)

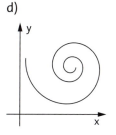

AUFGABE 7 In einer Firma werden zwei Tanks, die jeweils 100 l fassen, gleichmäßig mit einer Flüssigkeit befüllt. In Tank 1 befinden sich zu Beginn der Beobachtung bereits 70 l, durch die Leitung fließen nun 0,5 l pro Sekunde dazu. Die Leitung zu dem leeren Tank 2 liefert 2 l pro Sekunde.

Wie viel Flüssigkeit befindet sich nach den angegebenen Zeiten jeweils in den Tanks? Fülle die Wertetabelle aus.

0,5 l pro s

2 l pro s

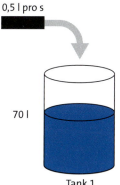

Tank 1

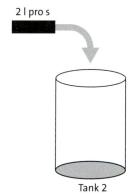

Tank 2

70 l

Zeit in s	1	2	3	5	10	20	50
Inhalt Tank 1 in l							
Inhalt Tank 2 in l							

AUFGABE 8   Sieh dir noch einmal die Wertetabelle an, die du in Aufgabe 7 erstellt hast.

a) Stelle zu jedem Tank eine Funktion auf, die die Füllmenge y (in Litern) zur verstrichenen Zeit x (in Sekunden) angibt.

Tank 1: y =   Tank 2: y =

b) Zeichne die Graphen der Funktionen in das Koordinatensystem. Finde für die Koordinatenachsen eine sinnvolle Skala.

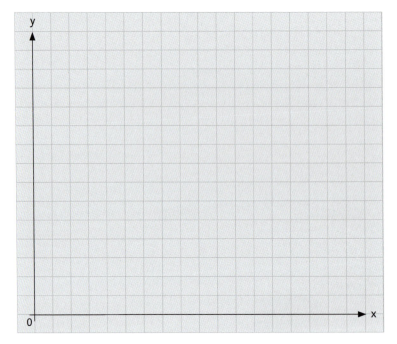

c) Wann befinden sich in den Tanks 75 Liter, wann 78,22 Liter? Berechne mithilfe linearer Gleichungen und trage die Ergebnisse in die Tabelle ein.

d) Wann sind die Tanks voll? Trage die Ergebnisse ein.

e) Sind beide Tanks irgendwann gleich voll, bevor sie überlaufen? Wenn ja, wann? Trage die Ergebnisse in die Tabelle ein.

f) Wann war Tank 1 leer, wenn der Zustrom gleich geblieben ist?

		c)	d)	e)	f)
Tankinhalt in l	75	78,22	100		0
Zeitbedarf für Tank 1 in s					
Zeitbedarf für Tank 2 in s					

TESTEN

Klassenarbeit 3

🕐 60 Minuten

AUFGABE 9 Bestimme die Lösungen folgender Gleichungen.

a) $15x + 2,5 = 5x - 67,5$ b) $6x - \frac{2}{3} = \frac{3}{2}$

AUFGABE 10 Es hat geschneit. Uli sitzt auf seinem Schlitten und möchte einen verschneiten Hügel hinunterfahren. Er stößt sich nur leicht ab und lässt den Schlitten rutschen. Schließlich wird es flacher und der Schlitten wird langsamer. Welcher der Graphen beschreibt diese Fahrt? Begründe.

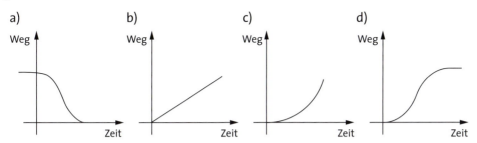

AUFGABE 11 Gegeben ist die lineare Funktion $y = -3x + 5$.

a) Zeichne den Graphen der Funktion.
b) Überprüfe rechnerisch, welche der folgenden Punkte auf dem Graphen liegen.
   P $(3\,|\,{-}4)$, Q $(-6\,|\,22)$, R $(2,5\,|\,{-}2,4)$, S $(15\,|\,{-}40)$
c) Berechne die Nullstelle.

AUFGABE 12 Löse die linearen Gleichungen.

a) $3x + 7 = 4$ b) $0,25x - 2 = x - 5$ c) $x + 1 + x = 2x - 14 + 21$

AUFGABE 13 Luigi will eine Pizza ausliefern. Er fährt mit seinem Mofa los und kommt an einen Bahnübergang, an dem er eine Weile warten muss. Schließlich findet er die Lieferadresse, gibt die Pizza ab und befindet sich nun auf dem Heimweg. Welcher der Graphen beschreibt diese Fahrt, wenn t die verstrichene Zeit und s die Entfernung Luigis von seiner Pizzeria angibt? Kreuze an.

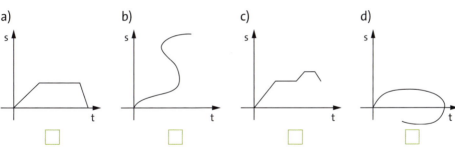

AUFGABE 14 Eine Gerade verläuft durch die Punkte P (1|15) und Q (3|40). Bestimme die Gleichung dieser Geraden.

 AUFGABE 15 Im Naturwissenschaftsunterricht lässt Anna mit ihrer Klasse bei windigem Wetter einen selbstgebauten Heißluftballon fliegen. Mithilfe eines Höhenmessers können sie später die genaue Höhe ablesen, die der Ballon zu einer bestimmten Zeit erreicht hat. Anna stellt die Ergebnisse mithilfe des folgenden Graphen dar.

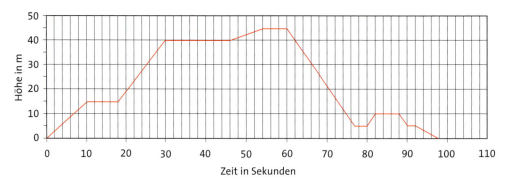

a) Wie lange dauert der Ballonflug?
b) Wie viel beträgt die größte Höhe, die der Ballon erreicht?
c) Wie lange dauert es, bis der Ballon die größte Höhe erreicht?
d) Beschreibe die ersten 40 Sekunden des Ballonfluges möglichst genau.
e) In welchem Zeitabschnitt steigt der Ballon am schnellsten? Mit welcher Geschwindigkeit steigt er hier?

 AUFGABE 16 An einem windstillen Tag führt Bens Gruppe das gleiche Experiment durch. Ihr Ballon steigt gleichmäßig mit einer Geschwindigkeit von 5 Metern in 6 Sekunden auf eine Höhe von 45 m.

a) Stelle eine Funktion auf, die der verstrichenen Zeit die jeweilige Höhe des Ballons zuordnet.
b) Wann erreicht Bens Ballon eine Höhe von 30 m?
c) Wie lange benötigt der Ballon, um von 30 m auf 45 m zu steigen?

Lineare Gleichungssysteme

3.1 Grafische Lösungen für LGS

Zwei lineare Gleichungen mit zwei Variablen nennt man ein **lineares Gleichungssystem** (kurz: **LGS**).
Die **gemeinsamen Lösungen** (Wertepaare) der Gleichungen sind die **Lösungen** des LGS. Man fasst sie in der **Lösungsmenge** zusammen.

Allgemeine Darstellung:

(I) $a_1 x + b_1 y = c_1$

(II) $a_2 x + b_2 y = c_2$

Eine Lösung $(x_1 | y_1)$ des LGS *erfüllt jede der beiden Gleichungen des Systems.*
$L = \{(x_1 | y_1)\}$

Um ein LGS **grafisch** zu lösen, fasse die Gleichungen als lineare Funktionen auf und zeichne deren Graphen (Geraden). Die Koordinaten des Schnittpunkts der Graphen entsprechen der Lösung des LGS. Es gibt drei Möglichkeiten:
1. Die Geraden schneiden sich in einem Punkt, d.h., das LGS hat **genau eine Lösung**.
2. Die Geraden haben die gleiche Steigung, sie sind parallel und verschieden, d.h., das LGS hat **keine Lösung**.
3. Die Geraden sind identisch, d.h., das LGS hat **unendlich viele Lösungen**.

1.   2.   3.

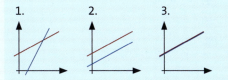

Um die Graphen **zeichnen** zu können, musst du die Gleichungen in folgende Form bringen: $y = mx + b$

(I) $x - y = 1$		(II) $4y - x = 8$	
$x - y = 1$	$\mid -x$	$4y - x = 8$	$\mid + x$
$-y = 1 - x$	$\mid \cdot (-1)$	$4y = 8 + x$	$\mid : 4$
$y = x - 1$		$y = 0{,}25x + 2$	

Nun kannst du die Geraden in ein gemeinsames Koordinatensystem zeichnen. Lösungen des linearen Gleichungssystems sind die Wertepaare, die beide Gleichungen erfüllen. Diese entsprechen den Koordinaten des Schnittpunkts.

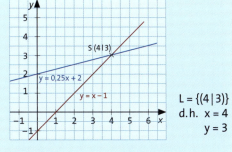

$L = \{(4 | 3)\}$
d.h. $x = 4$
    $y = 3$

Probe: Setze die Lösung in das Gleichungssystem ein.

$x - y = 1$ $4y - x = 8$
$4 - 3 = 1$ $4 \cdot 3 - 4 = 8$

ÜBUNG 1 Fasse die beiden Gleichungen als lineare Funktionen auf. Bestimme durch Zeichnen der beiden zugehörigen Graphen in ein gemeinsames Koordinatensystem die Lösungsmenge des Gleichungssystems.

(I) $y = x - 2$ (II) $y = -\frac{3}{2}x + \frac{1}{2}$

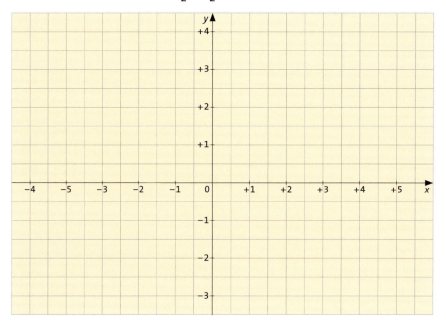

S (___ | ___)   L = { _____ }

Probe:

Setze die abgelesenen Koordinaten des Punktes S in die beiden Gleichungen ein:

(I) ___ = ___ $- 2$ (II) ___ $= -\frac{3}{2}$ ___ $+ \frac{1}{2}$

 ÜBUNG 2 Bearbeite folgende Aufgaben in deinem Übungsheft. Fasse die Gleichungen als lineare Funktionen auf und zeichne für jedes Gleichungssystem ein Koordinatensystem. Lies jeweils die Koordinaten des Schnittpunkts der Graphen ab, führe eine Probe durch und notiere die Lösungsmenge.

a) (I) $y = 4x - 4$

(II) $y = \frac{1}{2}x + 10$

b) (I) $y = -\frac{1}{4}x - 1$

(II) $y = -x - 4$

c) (I) $y = -\frac{3}{2}x + 4$

(II) $y = -x + 2,5$

d) (I) $y = 3x$

(II) $y = -x + 4$

ÜBEN

ÜBUNG 3   Löse die Gleichungssysteme zeichnerisch. Beachte dabei, dass du die Gleichungen zuerst in die Form y = mx + b bringen musst! Fasse die Gleichungen als lineare Funktionen auf. Zeichne jeweils beide Graphen in dein Übungsheft.

a) (I) $1{,}5x - 2y = -4$ $|-1{,}5x$ (II) $-2x + 2y = 4$ $|+2x$

$-2y = -4 - 1{,}5\,x$ $|:(-2)$

$\boxed{} = \boxed{} + \boxed{}$

$y = +2 + 0{,}75\,x$

$y = \frac{3}{4}x + 2$

Abgelesener Schnittpunkt: S (_____ | _____); L =

Probe:

b) (I) $2y - 1{,}5\,x = 1$ (II) $y + \frac{1}{2}x = -2$

Abgelesener Schnittpunkt: S (_____ | _____); L =

Probe:

ÜBUNG 4   Bearbeite diese Aufgabe in deinem Heft. Löse die Gleichungssysteme zeichnerisch. Achtung: Es gibt unterschiedliche Anzahlen von Lösungen! Achte darauf, dass du die Gleichungen zuerst in die Form y = mx + b umwandelst! Fasse die Gleichungen als lineare Funktionen auf.

a) (I) $-y = 3x + 3{,}5$ b) (I) $2x - 2y = -1$

(II) $2{,}5y = 7{,}5x + 2{,}5x$ (II) $6x - 6y = -6$

ÜBUNG 5   Was muss man in die Lücke einsetzen, damit das Gleichungssystem keine Lösung hat? Bearbeite diese Aufgabe in deinem Heft. Begründe jeweils deine Lösung.

a) (I) $-y = -\frac{1}{2}x + 5$ b) (I) $2x - y = 0$

(II) $y = \boxed{}\,x - 3$ (II) $-2y = \boxed{}\,x + 3$

ÜBEN

3.2 LGS rechnerisch lösen

Additionsverfahren

Beim **Additionsverfahren** wird jede Gleichung so umgeformt, dass ein Koeffizient der ersten Gleichung und der entsprechende Koeffizient der zweiten Gleichung *Gegenzahlen* sind.
1. Addition der beiden Gleichungen liefert eine dritte Gleichung mit nur einer Variablen (die andere wurde **eliminiert**).
2. Entstandene Gleichung nach der Variablen auflösen.
3. Einsetzen des erhaltenen Wertes in eine der Gleichungen (I) oder (II) liefert erneut eine Gleichung mit nur einer Variablen.
4. Entstandene Gleichung nach der Variablen auflösen.
5. Probe: Setze die Werte in beide Ausgangsgleichungen ein und prüfe das Ergebnis.
6. Gib die Lösungsmenge an.

(I)	$4x + 16y = 4$	$\mid \cdot 3$
(II)	$3x - 6y = 39$	$\mid \cdot (-4)$

1.
$$12x + 48y = 12$$
$$-12x + 24y = -156$$
$$\overline{ 72y = -144}$$

2.
$$72y = -144 \quad \mid : 72$$
$$y = -2$$

3. Einsetzen in (II) ergibt:
$$3x - 6 \cdot (-2) = 39$$
$$3x + 12 = 39 \quad \mid -12$$
$$3x = 27 \quad \mid : 3$$

4.
$$x = 9$$

5. (I) $\quad 4 \cdot 9 + 16 \cdot (-2) = 4$
$$4 = 4$$
(II) $\quad 3 \cdot 9 - 6 \cdot (-2) = 39$
$$39 = 39$$

6. $L = \{(9 \mid -2)\}$

Einsetzungsverfahren

Ist eine der beiden Gleichungen bereits nach einer Variablen aufgelöst, so wähle das **Einsetzungsverfahren**.
1. Ist eine Gleichung bereits nach y aufgelöst, so setzt man die rechte Seite dieser Gleichung in die andere Gleichung für y ein.
2. Entstandene Gleichung nach x auflösen.
3. Den erhaltenen Wert für x in die Gleichung (I) oder (II) einsetzen.
4. Entstandene Gleichung durch Äquivalenzumformungen nach y auflösen.
5. Probe: Setze die Werte in beide Ausgangsgleichungen ein; prüfe das Ergebnis.
6. Gib die Lösungsmenge an.

(I)	$3x + 2y = 8$
(II)	$y = \frac{1}{2}x + 2$

1. (II) in (I) einsetzen: $3x + 2 \cdot \left(\frac{1}{2}x + 2\right) = 8$

2.
$$4x + 4 = 8$$
$$4x = 4$$
$$x = 1$$

3. Einsetzen in (II) ergibt:
$$y = \frac{1}{2} + 2$$

4.
$$y = 2{,}5$$

5. (I) $\quad 3 \cdot 1 + 2 \cdot 2{,}5 = 8$
$$8 = 8$$
(II) $\quad 2{,}5 = \frac{1}{2} + 2$
$$2{,}5 = 2{,}5$$

6. $L = \{(1 \mid 2{,}5)\}$

WISSEN

ÜBUNG 6 Bearbeite die Aufgaben in deinem Übungsheft. Löse die LGS mit dem Einsetzungsverfahren.

a) (I) $x = 2y - 1$
   (II) $3x - y = 12$

b) (I) $x = 1 - y$
   (II) $-2x - 2y = -2$

c) (I) $2x = 8 + 2y$
   (II) $2x - 4y = -6$

d) (I) $4x + y = 3$
   (II) $x = -y + 5$

ÜBUNG 7 Bearbeite die Aufgaben in deinem Übungsheft. Löse die LGS mithilfe des Additionsverfahrens. Forme dazu gegebenenfalls die Gleichungen so um, dass immer eine Variable bei Addition der Gleichungen eliminiert wird.

a) (I) $3x + y = 5$
   (II) $2x - 2y = 6$

b) (I) $2x + 14y = 102$
   (II) $8x - 34y = 48$

c) (I) $-4y - 6x = -10$
   (II) $14x + 8y = 42$

d) (I) $14x + 8y = -38$
   (II) $-14x - 10y = 142$

WISSEN ➕

Gleichsetzungsverfahren
Steht in beiden Gleichungen auf einer der beiden Seiten *derselbe* Term, so bietet sich das Gleichsetzungsverfahren an:

(I) $5x + 1 = 2y - 3$
(II) $5x + 1 = 5 - 4y$

1. Gleichsetzen der beiden anderen Terme liefert eine neue Gleichung mit nur einer Variablen (z. B. y). *Vorsicht:* Wenn die entstandene Gleichung zwei Variablen enthält, ist das Verfahren nicht geeignet.

1. $2y - 3 = 5 - 4y$

2. Entstandene Gleichung mithilfe von Äquivalenzumformungen nach y auflösen.

2. $6y = 8$
     $y = \frac{4}{3}$

3. Den erhaltenen Wert für y in eine der Gleichungen (I) oder (II) einsetzen.

3. Einsetzen in Gleichung (I):
     $5x + 1 = 2 \cdot \frac{4}{3} - 3$

4. Gleichung durch Äquivalenzumformungen nach x auflösen.

4. $x = -\frac{4}{15}$

5. Probe: Setze die Werte in beide Ausgangsgleichungen ein; prüfe das Ergebnis.

5. (I) $5 \cdot \left(-\frac{4}{15}\right) + 1 = 2 \cdot \frac{4}{3} - 3$
        $-\frac{1}{3} = -\frac{1}{3}$

   (II) $5 \cdot \left(-\frac{4}{15}\right) + 1 = 5 - 4 \cdot \frac{4}{3}$
        $-\frac{1}{3} = -\frac{1}{3}$

6. Gib die Lösungsmenge an.

6. $L = \left\{\left(-\frac{4}{15} \mid \frac{4}{3}\right)\right\}$

ÜBEN

ÜBUNG 8 Löse die folgenden Gleichungssysteme mit dem Gleichsetzungsverfahren.

Lösung x in eine der beiden
Gleichungen einsetzen:

a) (I) $10x + 4 = 4y - 8$

(II) $12x - 3 = 4y - 8$

x =

y =

Probe:

L = {(|)}

Löse die folgenden Teilaufgaben im Übungsheft.

b) (I) $6x + 7,5 = \frac{1}{2}y$

(II) $4x - 0,5 = \frac{1}{2}y$

c) (I) $1,5y = 15 - 2,5x$

(II) $1,5y = 2x - 1,5$

d) (I) $8x = -6y - 8$

(II) $8x = 8y + 56$

e) (I) $7x = \frac{3}{4}y - 5$

(II) $7x = \frac{1}{2}y + 3$

ÜBUNG 9 Bearbeite die Aufgaben in deinem Übungsheft. Löse die LGS. Schau dir die Gleichungen genau an und entscheide, welches Verfahren geeignet ist.

a) (I) $13x - 2y = 20$
   (II) $2x + y = 7$

b) (I) $4x + 2 = 6y$
   (II) $8x - 10y = 0$

c) (I) $2y = 4x + 2$
   (II) $2y = -2x + 20$

d) (I) $x - \frac{1}{2}y = 2$
   (II) $1\frac{1}{2}x + \frac{1}{2}y = \frac{1}{2}$

e) (I) $3x + 6y = 6$
   (II) $27x + 42y = 192$

f) (I) $4x - 2y = 14$
   (II) $10x + 4y = 20$

ÜBUNG 10 Löse das LGS. Bevor du dich für ein geeignetes Verfahren entscheidest, musst du die Gleichungen umformen. Arbeite weiter in deinem Übungsheft.

(I) $\qquad (2x - 1)(3y - 5) = (2x - 3)(3y - 1)$

$2x \cdot 3y - 2x \cdot 5 - 1 \cdot \quad + 1 \cdot \quad = 2x \cdot 3y - 2x \cdot \quad - 3 \cdot \quad + 3 \cdot \quad$

$6xy \quad - 10x \quad - 3y \quad + 5 \quad = 6xy \quad - 2x \quad - 9y \quad + 3 \,|-6xy$

$-10x - 3y + 5 = -2x - 9y + 3 \,|+2x + 9y - 5$

$-8x + 6y = -2$

(II) $\qquad 3(5x - 2) = 2(5y - 4) + 2$

ÜBUNG 11 Ein lineares Gleichungssystem mit drei Variablen lässt sich leicht lösen, wenn es in folgender Form (Dreiecksform) vorliegt:

Löse wie im Beispiel:

(I) $x + 2y + z = -4$

(II) $2y - z = -3$

(III) $-2z = 2$

Beispiel:

(I) $x + 2y - 2z = 12$

(II) $2y + 3z = 0$

(III) $-3z = 6 \quad | : (-3)$

$z = -2$

eingesetzt in II: $2y + 3 \cdot (-2) = 0$

$2y - 6 = 0 \quad | + 6$

$2y = 6 \quad | : 2$

$y = 3$

eingesetzt in I: $x + 2 \cdot 3 - 2 \cdot (-2) = 12$

$x + 6 + 4 = 12$

$x + 10 = 12 \quad | - 10$

$x = 2$

$L = \{(2 \mid 3 \mid -2)\}$

WISSEN ➕

Gauß-Algorithmus

Will man ein LGS lösen, das aus drei oder mehr Gleichungen mit drei oder mehr Variablen besteht, so wendet man meist den Gauß-Algorithmus an: Bringe das LGS Schritt für Schritt in **Dreiecksform**, um es anschließend wie in Übung 11 zu lösen.

1. Eine Gleichung wird vollständig beibehalten, aus den beiden anderen wird jeweils die gleiche Variable eliminiert (↑ Additionsverfahren, S. 46).
2. Es wird eine Gleichung mit drei und eine mit zwei Variablen beibehalten und aus der dritten Gleichung wird eine weitere Variable eliminiert.
3. Es liegt nun ein Gleichungssystem in Dreiecksform vor, welches leicht gelöst werden kann.

ÜBUNG 12 Löse das Gleichungssystem mithilfe des Gauß-Algorithmus.

a) (I) $x + 3y - z = -2$

(II) $-2x - 2y + 3z = 5$

(III) $2x + 7y - 2z = -4$

b) (I) $x + 2y + 2z = 6$

(II) $3x + 2y + 3z = 6$

(III) $2x + 2y + 2z = 8$

ÜBEN

3.3 Sachaufgaben lösen

Du weißt bereits, wie man Alltagsprobleme mithilfe von Termen und Gleichungen lösen kann (↑ Kap. 2.5).
Auch mithilfe von Gleichungssystemen kannst du Alltagsprobleme lösen.

1. Lies dir die Aufgabenstellung gründlich und sorgfältig durch.	Die Klassen 8a und 8b fahren gemeinsam zelten. Sie haben insgesamt 7 Zelte für die 25 Mädchen dabei. Die Mädchen sollen sich so auf die 7 Zelte verteilen, dass mindestens drei, aber höchstens vier Mädchen in einem Zelt schlafen. Wie viele Dreier- und wie viele Vierer-Zelte gibt es?
Welche Informationen brauchst du zur Lösung der Aufgabenstellung?	Du brauchst folgende Informationen: ■ Anzahl der Zelte ■ Anzahl der Mädchen ■ Es gibt Dreier- und Vierer-Zelte
2. Wo findest du diese im Text? Notiere sie oder markiere sie im Text!	Es gibt 7 Zelte. Es sind 25 Mädchen. Es gibt Dreier- und Vierer-Zelte
3. Übersetze diesen Sachverhalt in die Sprache der Mathematik: Wie viele Variablen brauchst du?	Man braucht für jede Möglichkeit, wie die Zelte belegt werden können, eine Variable. Fazit: **Man braucht zwei Variablen.**
4. Lege die Bedeutung der Variablen fest und drücke den Sachzusammenhang mithilfe der Variablen aus. Stelle Terme und Gleichungen auf.	Anzahl der Dreier-Zelte: x Anzahl der Vierer-Zelte: y Gesamtanzahl aller Zelte: $x + y$
5. Stelle das passende Gleichungssystem auf.	(I) $x + y = 7$ $\mid \cdot (-3)$ (II) $3x + 4y = 25$
6. Löse das Gleichungssystem durch ein geeignetes Verfahren (↑ Kap. 3.2).	$\begin{aligned} -3x - 3y &= -21 \\ \underline{3x + 4y} &= \underline{25} \\ y &= 4 \end{aligned}$ $\quad$ Einsetzen in (I) $\qquad\qquad\qquad x + 4 = 7$ $\qquad\qquad\qquad x = 3$
7. Führe eine Rückübersetzung in die Alltagssprache durch.	Anzahl der Dreier-Zelte: $x = 3$ Anzahl der Vierer-Zelte: $y = 4$ Gesamtanzahl aller Zelte: $x + y = 7$
8. Beantworte nun die gestellte Frage und führe eine Probe am Text durch.	Es gibt drei Dreier- und vier Vierer-Zelte. $3 \cdot 3$ Mädchen $+ 4 \cdot 4$ Mädchen $= 25$ Mädchen

WISSEN

ÜBUNG 13   Lina und Torben kaufen beide für ihre Mutter einen Blumenstrauß. Lina entscheidet sich für Anemonen und Lilien. Sie zahlt für drei Anemonen und fünf Lilien 8,50 €. Torben entscheidet sich unabhängig von Lina auch für Anemonen und Lilien. Er lässt sich einen Strauß aus fünf Anemonen und drei Lilien für 9,90 € zusammenstellen. Wie viel kostet eine Anemone und wie viel kostet eine Lilie?

a) Lies dir die Aufgabe gründlich und sorgfältig durch. Welche Informationen brauchst du zur Beantwortung der Frage?

b) Markiere die Informationen im Text.

c) Wie viele Variablen brauchst du?

Man braucht ⬜ Variablen.

d) Lege die Bedeutung der Variablen fest:

Preis in € für eine Anemone: x

Preis in € für ⬜ : y

e) Stelle das passende Gleichungssystem auf:
Drei Anemonen und fünf Lilien kosten 8,50 €:

(I) $3x$ $+$ $5y$ $=$ $8{,}50$

Fünf Anemonen und drei Lilien kosten 9,90 €:

(II) ⬜

f) Löse das Gleichungssystem mit einem geeigneten Verfahren in deinem Übungsheft:

(I) $3x$ $+$ $5y$ $=$ $8{,}50$

(II) ⬜ $+$ ⬜ $=$ ⬜

g) Rückübersetzung:

Preis in € für eine Anemone: $x =$ ⬜

Preis in € für ⬜

h) Antwort: Eine Anemone kostet ⬜ und eine Lilie ⬜ .

Probe am Text:
Sie zahlt für drei Anemonen und   fünf Lilien   8,50 €.

(I) $3 \cdot$ ⬜ $€$ $+$ $5 \cdot$ ⬜ $€$ $=$ $8{,}50 \; €$
(II) Er lässt sich einen Strauß aus fünf Anemonen und drei Lilien für 9,90 €
zusammenstellen.

⬜

ÜBUNG 14 Das Hotel 5-Jahreszeiten hat insgesamt 76 Zimmer. Es gibt Einzel- und Doppelzimmer. Zusammen stehen in den Zimmern 124 Betten. Wie viele Einzel- und wie viele Doppelzimmer gibt es?

ÜBUNG 15 Bauer Schneider stellt der Schulklasse, die den Bauernhof besichtigt, ein Rätsel. Er sagt: „Ich habe in den zwei Freigehegen, die ihr dort seht, Gänse und Ziegen. Es sind zusammen 45 Tiere mit 118 Beinen. Wer kann herausfinden, wie viele Gänse und wie viele Ziegen dort weiden, ohne nachzuzählen?"

ÜBUNG 16 Die Klasse 8 d besucht das Technikmuseum. Die Museumspädagogin erklärt die Arbeitsweise von zwei ineinandergreifenden Zahnrädern eines Getriebes. Die Radien der Zahnräder sind zusammen 108 cm groß. Der Radius des größeren Zahnrades ist 8-mal so groß wie der Radius des kleineren Zahnrades. Wie groß sind die Radien der beiden Zahnräder?

ÜBUNG 17 Luca ist ein großer Kinofan. Da er in den Sommerferien nicht verreist war, besuchte er möglichst oft seine beiden Lieblingskinos. Im Eurostar war er viermal so oft wie im Metro. Eine Karte kostet im Eurostar 6,80 €, im Metro 7,50 €. Dank eines Zuschusses vom Großvater konnte er es sich leisten, in den Ferien 104,10 € für 15 Filme auszugeben. Wie oft besuchte er das Eurostar und wie oft das Metro?

ÜBUNG 18 Michi und Katja wohnen zusammen in einer Zweizimmerwohnung. Um ihren Haushalt zu finanzieren, kellnern beide in einer Kneipe. Michi bekommt 6,50 € und Katja 7,50 € für eine Stunde. Letzten Donnerstag teilten sie sich eine 13,5-Stunden-Schicht. Der Wirt Kalle zahlte daraufhin den beiden zusammen 93,25 €. Wie viel bekommt davon Michi, wie viel Katja?

ÜBUNG 19 Emma mag nur Milch mit wenig Fett. Vollmilch (3,5 % Fett) ist ihr zu fett, Magermilch (0,3 % Fett) hingegen zu fade. Um eine wohlschmeckende Milch zu bekommen, d.h. eine Milch mit einem Fettgehalt von 1 %, mischt sie die beiden Milchsorten. Wie viel von jeder Sorte schüttet sie in ihr 0,2-l-Glas, um ein volles Glas leckerer Milch zu erhalten?

ÜBUNG 20 Ein Tank wird durch zwei verschiedene Leitungen gefüllt. Ist die erste 12 Minuten und die zweite 15 Minuten geöffnet, so fließen insgesamt 492 Liter Wasser hinein. Ist dagegen die erste Leitung 9 Minuten und die zweite 10 Minuten geöffnet, so fließen insgesamt 344 Liter in den Tank. Wie viel Liter Wasser laufen in einer Minute durch jede der Leitungen?

ÜBEN

Klassenarbeit 1

AUFGABE 1 Löse mit einem günstigen Verfahren.

a) (I) $4x - 3y = 5$
   (II) $3y = x + 1$

b) (I) $4x + 2y = 2$
   (II) $-4x + 3y = 13$

c) (I) $3x + 9 = 4y + 3$
   (II) $3x + 9 = 2y + 3$

AUFGABE 2 Überprüfe zeichnerisch, ob das lineare Gleichungssystem eine, keine oder unendlich viele Lösungen hat.

(I) $y = 2x - 4$
(II) $y = x - 1$

AUFGABE 3 Betrachte die folgende lineare Gleichung: $y = 2x - 3$. Formuliere eine zweite lineare Gleichung so, dass ...

a) das Gleichungssystem nur eine Lösung hat.
b) das Gleichungssystem unendlich viele Lösungen hat.
c) das Gleichungssystem keine Lösung hat.

Überprüfe deine Ergebnisse zeichnerisch.

AUFGABE 4 Die Familie Fröhlich legt den Vorgarten neu an. Frau Fröhlich kauft insgesamt zwölf Rosen- und Jasminsträucher. Ein Rosenstrauch kostet 8,45 €, ein Jasminstrauch 6,40 €. Zusammen bezahlt Frau Fröhlich 91,15 €. Wie viele Rosensträucher, wie viele Jasminsträucher wird sie pflanzen?

AUFGABE 5 Was muss man in die Lücke einsetzen, damit das Gleichungssystem keine Lösung hat? Bearbeite diese Aufgabe in deinem Heft. Begründe jeweils deine Lösung.

a) (I) $4y = \boxed{} x - 6$
  (II) $2y = 4x - 10$

b) (I) $3x - \boxed{} y = 0,5$
  (II) $x - \frac{1}{2}y = 2,5$

AUFGABE 6 Bei einem Übungsflug braucht Flugschüler Sven für eine Flugstrecke von 180 km 50 Minuten. Er hat bei seinem Flug Gegenwind. Beim Rückflug, jetzt mit Rückenwind, schafft er die Strecke in 45 Minuten. Wie groß ist die Windgeschwindigkeit? Wie groß ist die Geschwindigkeit des Flugzeuges?

AUFGABE 7 Auf einem Planeten im Sternbild Orion leben seltsame Tiere. Es sind die Orianen und die Plalatinen. Diese Tiere haben eine sehr hohe Lebenserwartung. Orianen werden im Schnitt 80 Jahre älter als die Plalatinen. 160 Jahre vor ihrem Tod sind die Orianen doppelt so alt wie die Plalatinen. Welche Lebenserwartung haben die beiden Tierarten?

Klassenarbeit 2

 45 Minuten

 AUFGABE 8 Bestimme die Lösungsmenge der linearen Gleichungssysteme.

a) (I) $-6x + 3y = 3$
   (II) $3x + 6y = 21$

b) (I) $0,5y = x - 1$
   (II) $y + 4 = 2x$

 AUFGABE 9 Löse die Aufgaben zur gegebenen Gerade g.

a) Begründe, wieso die Lösungsmenge der Gleichung (I) $3x - 2y = 4$ durch die gezeigte Gerade g verdeutlicht wird.

b) Überprüfe, ob $(20\,|\,28)$ eine Lösung dieser Gleichung ist.

c) Bestimme eine weitere lineare Gleichung (II) mit zwei Variablen, sodass das aus (I) und (II) bestehende LGS genau die Lösung $(2\,|\,1)$ hat, und begründe deine Lösung.

d) Bestimme eine lineare Gleichung (III) mit zwei Variablen, sodass das aus (I) und (III) bestehende LGS keine Lösung hat, und begründe deine Lösung.

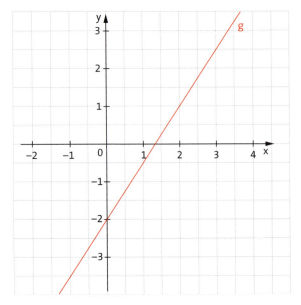

 AUFGABE 10 Ein Telekommunikationsunternehmen bietet zwei unterschiedliche Handy-tarife an. Bei Tarif 1 beträgt die Grundgebühr 9,50 € und jede Minute kostet 15 Cent. Tarif 2 hat keine Grundgebühr, jede Minute kostet hier aber 25 Cent. Du sollst jemanden beraten: Wem kannst du welchen Tarif empfehlen? Begründe so genau wie möglich.

 AUFGABE 11 Familie Tarantino geht ins Kino. Für zwei Erwachsene und zwei Kinder zahlen sie zusammen 18 €. Herr Rodriguez zahlt in derselben Vorstellung für sich und seine drei Kinder 16,50 €. Wie viel kosten die Eintrittskarten für jeweils ein Kind bzw. einen Erwachsenen?

 AUFGABE 12 Gibt es eine lineare Gleichung mit zwei Variablen, die die Zahlenpaare $(0\,|\,1,5)$, $(-2\,|\,2,5)$ und $(6\,|\,-1,5)$ als Lösung hat? Begründe deine Meinung.

TESTEN

54

Klassenarbeit 3

AUFGABE 13 Löse die linearen Gleichungssysteme zeichnerisch und führe anschließend eine Probe durch.

a) (I) $4y = 2x$
   (II) $y + 3 = 2x$

b) (II) $10y + 8x = 20$
   (I) $x - 8 = 1,5y$

AUFGABE 14 Welches der folgenden linearen Gleichungssysteme wird durch die Graphen dargestellt?

a) (I) $2x - y = 1$ ☐
   (II) $-x + y = 1$

b) (I) $x - 2y = 1$ ☐
   (II) $x + y = 1$

c) (I) $y = 2x - 1$ ☐
   (II) $y = x + 1$

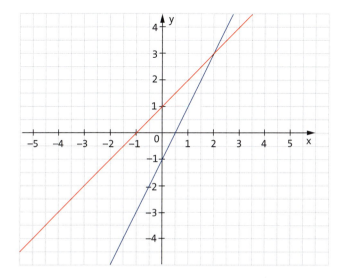

AUFGABE 15 Ein Fass wird von zwei Zuleitungen befüllt, die jeweils einzeln geöffnet oder geschlossen werden können. Durch Leitung 1 fließen 2 Liter pro Minute, Leitung 2 liefert 0,5 Liter pro Minute.

a) Wie lange müssen die Leitungen jeweils geöffnet sein, damit 20 Liter in das Fass hineinlaufen? Nenne mehrere Möglichkeiten.

b) Stelle eine lineare Gleichung mit zwei Variablen auf, die diesen Sachverhalt beschreibt. Wähle x für die Öffnungszeit von Leitung 1, y für diejenige von Leitung 2.

c) Zeichne den zugehörigen Graphen.

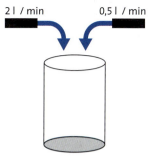

AUFGABE 16 Ute bezahlt für zwölf Brötchen und sechs Brezeln 10,80 €, Marc kauft beim selben Bäcker sieben Brötchen und sieben Brezeln für 8,75 €. Wie viel kostet eine Brezel und wie viel ein Brötchen?

TESTEN

Wurzeln und quadratische Gleichungen

4.1 Rechnen mit Quadratwurzeln

Die **Quadratwurzel** einer Zahl ist diejenige **positive** Zahl, die quadriert die Ausgangszahl ergibt. Darüber hinaus gilt, dass die Wurzel aus null wieder null ergibt.

Merke: Die Quadratwurzel kann man nur aus einer positiven Zahl und aus null ziehen.

Sei a eine beliebige Zahl. Die Wurzel aus a^2 ist der Betrag von a:

$$\sqrt{a^2} = |a| = \begin{cases} a \text{ für } a \geq 0 \\ -a \text{ für } a < 0 \end{cases}$$

$\sqrt{9} = 3$; *denn* $3^2 = 9$

$\sqrt{2,25} = 1,5$; *denn* $1,5^2 = 2,25$

$\sqrt{0} = 0$; *denn* $0^2 = 0$

$\sqrt{-25}$ ist nicht definiert!

$\sqrt{9} = \sqrt{3^2} \quad\ = |3| \ = 3$

$\sqrt{9} = \sqrt{(-3)^2} = |-3| = 3$

Gesetze für das Rechnen mit Wurzeln:

Potenzgesetze	Wurzelgesetze a, b ≥ 0	
Summenregel $a^2 + a^2 = 2a^2$	$\sqrt{a} + \sqrt{a} = 2 \cdot \sqrt{a}$	$\sqrt{5} + \sqrt{5} = 2 \cdot \sqrt{5}$; $3 \cdot \sqrt{6} + 7 \cdot \sqrt{6} = 10 \cdot \sqrt{6}$
Produktregel $a^2 \cdot b^2 = (ab)^2$	$\sqrt{a} \cdot \sqrt{b} = \sqrt{ab}$	$\sqrt{4} \cdot \sqrt{6} = \sqrt{24}$; $13 \cdot \sqrt{4} \cdot 12 \cdot \sqrt{6} = 156 \cdot \sqrt{24}$
Quotientenregel $\dfrac{a^2}{b^2} = \left(\dfrac{a}{b}\right)^2$	$\dfrac{\sqrt{a}}{\sqrt{b}} = \sqrt{\dfrac{a}{b}}$	$\dfrac{\sqrt{24}}{\sqrt{6}} = \sqrt{\dfrac{24}{6}} = \sqrt{4} = 2$

Achtung: $a^2 + b^2 \neq (a+b)^2$
$\sqrt{a} + \sqrt{b} \neq \sqrt{a+b}$

$2^2 + 3^2 = 13 \ \neq \ (2+3)^2 = 25$
$\sqrt{9} + \sqrt{4} = 5 \ \neq \ \sqrt{9+4} = \sqrt{13}$

Wurzelterme kannst du vereinfachen ...
- durch Zusammenfassen (1),
- mithilfe der Produktregel (2),
- mithilfe des Distributivgesetzes (3).

(1) $\underline{5 \cdot \sqrt{3}} - 6 + \underline{3 \cdot \sqrt{3}} = 5 \cdot \sqrt{3} + 3 \cdot \sqrt{3} - 6$
$\quad = 8 \cdot \sqrt{3} - 6$

(2) $3 \cdot \sqrt{24} = 3 \cdot \sqrt{6 \cdot 4} = 3 \cdot \underline{\sqrt{6} \cdot \sqrt{4}}$
$\quad = 3 \cdot \sqrt{6} \cdot 2 = 6 \cdot \sqrt{6}$ \quad Produktregel

(3) $\sqrt{2} \cdot (\sqrt{3} + 5) = \sqrt{2} \cdot \sqrt{3} + \sqrt{2} \cdot 5$
$\quad = \sqrt{6} + 5 \cdot \sqrt{2}$

ÜBUNG 1 Berechne ohne Taschenrechner.

a) $\sqrt{4} =$ b) $\sqrt{1} =$ c) $\sqrt{169} =$ d) $\sqrt{-144} =$

e) $\sqrt{6,25} =$ f) $\sqrt{0} =$ g) $\sqrt{400} =$ h) $\sqrt{40\,000} =$

i) $\sqrt{4\,000\,000} =$ j) $\sqrt{0,16} =$ k) $\sqrt{0,0016} =$ l) $\sqrt{\sqrt{81}} =$

WISSEN ➕

Reelle Zahlen

Die Quadratwurzel aus einer positiven rationalen Zahl ist nicht immer eine rationale Zahl.
Manche Quadratwurzeln kann man nicht als
Bruch schreiben. Zahlen, die sich nicht als
Bruch darstellen lassen, heißen **irrationale
Zahlen**. Dies sind Dezimalbrüche, die nicht
abbrechend und nicht periodisch sind. Man
verwendet deshalb Näherungswerte zu ihrer
Darstellung. Beispielsweise sind die Kreiszahl
$\pi \approx 3,142$ und $\sqrt{2} \approx 1,414$ irrationale Zahlen.

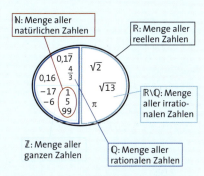

Die Menge der **reellen Zahlen** besteht aus allen rationalen und irrationalen Zahlen.

ÜBUNG 2 Kreuze an, ob es sich um eine natürliche, ganze, rationale, irrationale oder
reelle Zahl handelt. Mehrfachnennungen sind möglich.

	$\sqrt{121}$	0	$-\sqrt{13}$	$-\frac{3}{2}$	$0,\overline{3}$	$-2,3$	19	$\sqrt{\frac{100}{49}}$	$\sqrt{0}$
natürliche Zahl	☐	☐	☐	☐	☐	☐	☐	☐	☐
ganze Zahl	☐	☐	☐	☐	☐	☐	☐	☐	☐
rationale Zahl	☐	☐	☐	☐	☐	☐	☐	☐	☐
irrationale Zahl	☐	☐	☐	☐	☐	☐	☐	☐	☐
reelle Zahl	☐	☐	☐	☐	☐	☐	☐	☐	☐

ÜBUNG 3 Berechne und nutze bei Bedarf den Taschenrechner. Runde gegebenenfalls auf
drei Stellen nach dem Komma.

a) $\sqrt{40} =$ b) $\sqrt{4000} =$ c) $\sqrt{400\,000} =$

d) $\sqrt{0,0004} =$ e) $\sqrt{0} =$ f) $\sqrt{1690} =$

ÜBEN

ÜBUNG 4 Setze das richtige Zeichen ein (<, >, =).

Beispiel: $\sqrt{13} < \frac{11}{3}$, denn $(\sqrt{13})^2 = 13 = \frac{117}{9} < \left(\frac{11}{3}\right)^2$

a) $\sqrt{11}$ ☐ $\frac{7}{2}$

b) $\frac{5}{2}$ ☐ $\sqrt{7}$

c) $\sqrt{8}$ ☐ $\sqrt{7}$

d) 7,6 ☐ $\sqrt{49{,}36}$

e) $\sqrt{51{,}25}$ ☐ 12,5

 ÜBUNG 5 Ordne die folgenden Zahlen der Größe nach, beginne mit der größten Zahl. Bestimme falls nötig die Näherungswerte.

$$-\frac{7}{9}; \frac{2}{3}; 0{,}66666666; 0{,}67; 0{,}6667; \sqrt{0{,}5}; \sqrt{\frac{2}{3}}$$

 ÜBUNG 6 Berechne.

a) $\sqrt{3^2} =$ ☐

b) $\sqrt{(-3)^2} =$ ☐

c) $\sqrt{-3^2} =$ ☐

d) $-\sqrt{3^2} =$ ☐

e) $\sqrt{7} \cdot \sqrt{7} =$ ☐

f) $\sqrt{a} \cdot \sqrt{a} =$ ☐ (mit a > 0)

 ÜBUNG 7 Vereinfache. Hier geht es auch ohne Taschenrechner.

a) $\sqrt{16} - \sqrt{9}$

b) $\sqrt{16 + 9}$

c) $\sqrt{16} \cdot \sqrt{9}$

d) $\sqrt{16 \cdot 9}$

e) $\frac{\sqrt{16}}{\sqrt{9}}$

f) $\sqrt{\frac{16}{9}}$

g) $\sqrt{0{,}169} \cdot \sqrt{0{,}1}$

h) $\sqrt{\frac{13}{225}} \cdot \sqrt{\frac{15}{195}}$

i) $\sqrt{\frac{32a^2b}{8b^3}}$ mit b > 0

j) $\sqrt{49x - 49y}$ mit x ≥ y

k) $\sqrt{2xy} \cdot \sqrt{8xy}$ mit x, y ≥ 0

l) $8 \cdot \sqrt{27} + 5 \cdot \sqrt{3}$

 ÜBUNG 8 Wie bekommst du die Wurzel aus dem Nenner? Es gelte jeweils x > 0.

Beispiel: $\frac{3}{5 \cdot \sqrt{7}} = \frac{3}{5 \cdot \sqrt{7}} \cdot \frac{\sqrt{7}}{\sqrt{7}} = \frac{3 \cdot \sqrt{7}}{5 \cdot 7} = \frac{3 \cdot \sqrt{7}}{35}$

a) $\frac{7}{\sqrt{13} \cdot 5} =$ ☐

b) $\frac{12x}{\sqrt{x} \cdot 7} =$ ☐

c) $\frac{132x}{\sqrt{12x}} =$ ☐

d) $\frac{\sqrt{3x} + 1}{\sqrt{7x}} =$ ☐

e) $\sqrt{\frac{2}{3x}} =$ ☐

f) Es sei $\sqrt{x} > 5$: $\frac{5}{\sqrt{x} - 5} =$ ☐

 ÜBUNG 9 Bearbeite diese Aufgabe in deinem Übungsheft. Fasse so weit wie möglich zusammen.

a) $3 \cdot \sqrt{11} - 11 - 5 \cdot \sqrt{11} + 5 + 3 \cdot \sqrt{11}$

b) $2 \cdot \sqrt{3} - 11 \cdot \sqrt{2} - 5 \cdot \sqrt{2} + 5 + 3 \cdot \sqrt{3}$

c) $17\sqrt{x} - 17 + \sqrt{x} - 18\sqrt{x} + 17$
(mit x > 0)

d) $2 \cdot \sqrt{y} - 11 \cdot \sqrt{x} - 5 \cdot \sqrt{y} + 5 + 13 \cdot \sqrt{x}$
(mit x, y > 0)

ÜBEN

WISSEN

Wurzelterme

Wurzeln, in denen Variable vorkommen, nennt man Wurzelterme.

Der **Radikand** (Term unter dem Wurzelzeichen) muss stets größer oder gleich null sein. Daher musst du hier besonders auf die **Definitionsmenge** achten.

Beispiele:

Term	Für welche x ist der Radikand positiv bzw. null?	Definitionsmenge
$\sqrt{x-3}$	$x - 3 \geq 0$, also $x \geq 3$	$D = \{x \mid x \geq 3\}$
$\sqrt{16 - a^2}$	$16 - a^2 \geq 0$ $16 \geq a^2$ $4 \geq \lvert a \rvert$ $-4 \leq a \leq 4$	$D = \{a \mid -4 \leq a \leq 4\}$

ÜBUNG 10 Gib jeweils die Definitionsmenge des Wurzelterms an.

a) $\sqrt{5x-4}$ D =

b) $\sqrt{4-3x}$ D =

c) $\sqrt{3x-\frac{3}{4}}$ D =

d) $\sqrt{\frac{3}{8}x+\frac{5}{4}}$ D =

e) $\sqrt{x^2+0,2}$ D =

f) $\sqrt{x^2-1}$ D =

ÜBUNG 11 Vereinfache folgende Terme mithilfe der binomischen Formeln. Gib zu den Wurzeltermen jeweils auch die Definitionsmenge an.

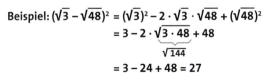

Beispiel: $(\sqrt{3} - \sqrt{48})^2 = (\sqrt{3})^2 - 2 \cdot \sqrt{3} \cdot \sqrt{48} + (\sqrt{48})^2$

$= 3 - 2 \cdot \underbrace{\sqrt{3 \cdot 48}}_{\sqrt{144}} + 48$

$= 3 - 24 + 48 = 27$

a) $(\sqrt{2} + \sqrt{8})^2 =$

b) $(\sqrt{5} + \sqrt{5})^2 =$

c) $(\sqrt{12} - \sqrt{3})^2 =$

d) $(\sqrt{3x} + \sqrt{27x})^2 =$

e) $(\sqrt{13} + \sqrt{11}) \cdot (\sqrt{13} - \sqrt{11}) =$

f) $(\sqrt{x} - \sqrt{y}) \cdot (\sqrt{x} + \sqrt{y}) =$

g) $(\sqrt{(2x+1)} + \sqrt{3}) \cdot (\sqrt{(2x+1)} - \sqrt{3}) =$

ÜBEN

ÜBUNG 12 Betrachte die beiden Rechtecke (Skizzen nicht maßstabsgerecht).

2 cm

8 cm

b

a = 5 cm

a) Zeichne das grüne Rechteck mit den angegebenen Maßen in dein Übungsheft. Berechne den Flächeninhalt.

b) Das blaue Rechteck hat denselben Flächeninhalt wie das grüne. Berechne die Seitenlänge b. Zeichne auch dieses Rechteck in dein Heft.

c) Zeichne nun ein Quadrat mit gleichem Flächeninhalt. Gib die Seitenlänge an.

WISSEN

Das heronsche Näherungsverfahren

Die Wurzel aus einer Zahl kannst du mit dem heronschen Näherungsverfahren näherungsweise bestimmen.

Beispiel: $\sqrt{7}$ soll auf drei Nachkommastellen genau bestimmt werden.

$A = 7\,cm^2$ $a = \sqrt{7}\,cm \approx ?$ Um die Seitenlänge dieses Quadrats zu bestimmen, geht man zunächst von einem Rechteck mit demselben Flächeninhalt aus und nähert sich Schritt für

$a = \sqrt{7}\,cm \approx ?$ Schritt an dieses Quadrat.

1. Schritt: Bestimme die erste Näherung. $\left.\begin{array}{l}\sqrt{7} < \sqrt{9} = 3\\ \sqrt{7} > \sqrt{4} = 2\end{array}\right\} \Rightarrow 2 < \sqrt{7} < 3$

---

2. Schritt: Wähle a_0 so, dass gilt:
$2\,cm < a_0 < 3\,cm$, z.B.
$a_0 = 2,5\,cm$

$A = 7\,cm^2$ $\begin{array}{l}b_0 = \frac{A}{a_0} = \frac{7}{2,5}\,cm\\ = 2,8\,cm\end{array}$

$a_0 = 2,5\,cm$

Erhalte $b_0 = 2,8\,cm$

$2,5 < \sqrt{7} < 2,8$

---

3. Schritt: Wähle a_1 mit $a_0 < a_1 < b_0$:
$a_1 = \frac{a_0 + b_0}{2} = 2,65\,cm$

$A = 7\,cm^2$ $b_1 = \frac{A}{a_1} \approx 2,642\,cm$

$a_1 = 2,65\,cm$

Erhalte $b_1 \approx 2,642\,cm$

$2,65 < \sqrt{7} < 2,642$

---

4. Schritt: Wähle a_2 mit $a_1 < a_2 < b_1$:
$a_2 = \frac{a_1 + b_1}{2} \approx 2,646\,cm$

$A = 7\,cm^2$ $b_2 = \frac{A}{a_2} \approx 2,646\,cm$

$a_2 \approx 2,646\,cm$

Erhalte $b_2 \approx 2,646\,cm$

d.h. $a_2 \approx 2,646\,cm \approx b_2$,

also $\sqrt{7} \approx 2,646$

$a = \sqrt{7}\,cm \approx 2,646\,cm$

ÜBUNG 13 Berechne $\sqrt{48}$ mithilfe des heronschen Näherungsverfahrens auf drei Nachkommastellen genau.

ÜBEN

4.2 Darstellen quadratischer Funktionen

Eine Funktion mit der Funktionsgleichung $f(x) = ax^2 + bx + c$ mit $a \neq 0$ heißt **quadratische Funktion**. Ihr Funktionsgraph heißt **Parabel**.

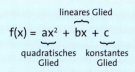

Der Graph der Funktion $f(x) = x^2$ heißt **Normalparabel** (kurz: NP).

Funktion $f(x) = x^2$	Normalparabel
Alle Funktionswerte sind größer oder gleich 0. Der kleinste Funktionswert ist 0.	Sie verläuft oberhalb der der x-Achse, mit Ausnahme des Scheitelpunktes. Der Scheitelpunkt S(0|0) liegt auf der x-Achse und ist der tiefste Punkt.
Für jede Zahl a gilt: $f(a) = f(-a)$.	Sie ist symmetrisch zur y-Achse.

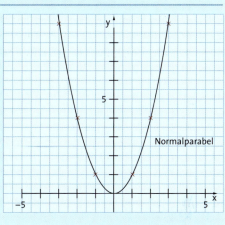

Die Parabel einer Funktion $f(x) = x^2 + e$ mit $e \neq 0$ entspricht einer NP, die *entlang der y-Achse verschoben* ist und den Scheitelpunkt $S(0\,|\,e)$ hat.
Der Graph wird für $e > 0$ nach oben und für $e < 0$ nach unten verschoben.
Die Parabel einer Funktion $f(x) = (x - d)^2$ mit $d \neq 0$ entspricht einer NP, die *entlang der x-Achse verschoben* ist und den Scheitelpunkt $(d\,|\,0)$ hat.
Der Graph wird für $d > 0$ nach rechts und für $d < 0$ nach links verschoben.

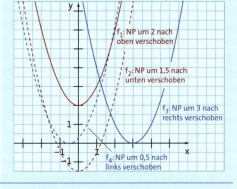

Die Parabel einer Funktion $f(x) = ax^2$ ist
■ enger als die NP, wenn $|a| > 1$; man sagt, die Parabel ist **gestreckt**.
■ weiter als die NP, wenn $|a| < 1$; man sagt, die Parabel ist **gestaucht**.
■ nach oben geöffnet, wenn $a > 0$
nach unten geöffnet, wenn $a < 0$.

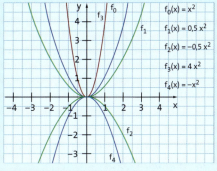

WISSEN

61

ÜBUNG 14 Gegeben sind die Funktionen $f_1(x) = x^2$; $f_2(x) = \frac{1}{2}x^2$ und $f_3(x) = 2x^2$.

a) Erstelle jeweils eine Wertetabelle mit den x-Werten $-4; -3,5; -3; ...; 3; 3,5; 4$.
b) Zeichne die Graphen der Funktionen in ein Koordinatensystem.

 ÜBUNG 15 Zeichne die NP in dein Übungsheft. Verschiebe die NP nun so, dass der angegebene Punkt der neue Scheitelpunkt ist.

a) $S_a\,(2\,|\,0)$ b) $S_b\,(-2\,|\,0)$ c) $S_c\,(0\,|\,-3)$ d) $S_d\,(0\,|\,2)$

 ÜBUNG 16 Folgende Funktionsgleichungen sind gegeben. Gib jeweils an, ob die dazugehörige Parabel nach oben oder nach unten geöffnet ist, ob sie enger (gestreckt) oder weiter (gestaucht) ist als die Normalparabel. Kreuze an.

	Die dazugehörige Parabel G_f ist ...			
	nach oben geöffnet.	nach unten geöffnet.	gestreckt.	gestaucht.
a) $f_a(x) = -\frac{3}{4}x^2$	☐	☐	☐	☐
b) $f_b(x) = 4x^2$	☐	☐	☐	☐
c) $f_c(x) = 0,7x^2$	☐	☐	☐	☐
d) $f_d(x) = -3x^2$	☐	☐	☐	☐
e) $f_e(x) = \frac{1}{2}x^2$	☐	☐	☐	☐

 ÜBUNG 17 Die Graphen der Funktionen f_a, f_b, f_c und f_d sind jeweils Verschiebungen der NP. Gib zu jedem Graphen jeweils den Funktionsterm an.

a) $f_a(x) =$

b) $f_b(x) =$

c) $f_c(x) =$

d) $f_d(x) =$

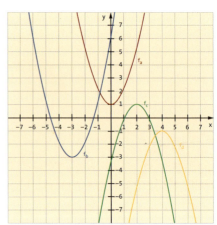

ÜBUNG 18 Welche der Punkte liegen auf der Parabel der Funktion $f(x) = 3,5x^2$?

a) $P_a(2\,|\,10)$
b) $P_b(3\,|\,31,5)$
c) $P_c(2,8\,|\,27,44)$

WISSEN ➕

Scheitelpunktform
Häufig ist die Funktionsgleichung auch in der **Scheitelpunktform** angegeben:

$f(x) = a(x - d)^2 + e$ mit $a \neq 0$.

Hier lässt sich der Scheitelpunkt leicht ablesen:

$S(d\,|\,e)$.

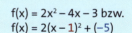

$f(x) = 2x^2 - 4x - 3$ bzw.
$f(x) = 2(x - 1)^2 + (-5)$

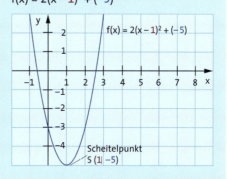

Scheitelpunkt
$S(1\,|\,-5)$

ÜBUNG 19 Beschreibe die Funktionsgraphen der folgenden quadratischen Funktionen, ohne sie zu zeichnen (Streckung, Stauchung, Verschiebung usw.) Benenne jeweils den Scheitelpunkt.

a) $f(x) = 4x^2$; $S(\boxed{}\,|\,\boxed{})$

b) $f(x) = \frac{1}{4}x^2 - 2$; $S(\boxed{}\,|\,\boxed{})$

c) $f(x) = -2(x - 1)^2 - 4$; $S(\boxed{}\,|\,\boxed{})$

d) $f(x) = -\frac{2}{3}x^2 + \frac{1}{2}$; $S(\boxed{}\,|\,\boxed{})$

ÜBUNG 20 Wandle durch quadratische Ergänzung in die Scheitelpunktform um, indem du die vorgegebene Rechnung ergänzt. (Tipp: Führe am Ende eine Kontrollrechnung durch!)

a) $f(x) = x^2 + 8x + 14$

$= x^2 + 2 \cdot \boxed{} \cdot x + \boxed{}^2 - \boxed{}^2 + 14$

$= (x + \boxed{})^2 - \boxed{} + 14$

$= (x + \boxed{})^2 \boxed{}$

b) $f(x) = x^2 - 6x + 14$

$= x^2 - 2 \cdot \boxed{} \cdot x + \boxed{}^2 - \boxed{}^2 + 14$

$= (x - \boxed{})^2 - \boxed{} + 14$

$= (x - \boxed{})^2 \boxed{}$

ÜBUNG 21 Gib jeweils die Koordinaten des Scheitelpunktes des Funktionsgraphen an. Zeichne dann alle Graphen in ein Koordinatensystem in dein Übungsheft.

Beispiel: $f(x) = 3x^2 + 6x + 3 = 3(x^2 + 2x + 1) = 3(x + 1)^2 = 3(x - (-1))^2 + 0$; $S(-1\,|\,0)$

a) $f_a(x) = -(x - 2,5)^2 + 3$; $S(\boxed{}\,|\,\boxed{})$

b) $f_b(x) = x^2 - 2x + 3$; $S(\boxed{}\,|\,\boxed{})$

c) $f_c(x) = x^2 - 3x + \frac{9}{4}$; $S(\boxed{}\,|\,\boxed{})$

d) $f_d(x) = \frac{1}{2}x^2 + 4x + 8$; $S(\boxed{}\,|\,\boxed{})$

4.3 Lösen quadratischer Gleichungen

Eine Gleichung $ax^2 + bx + c = 0$ mit $a \neq 0$ heißt **allgemeine Form** der quadratischen Gleichung. Division durch a ergibt

$$x^2 + \frac{b}{a}x + \frac{c}{a} = 0.$$

Vereinfachen der Koeffizienten $\frac{b}{a} = p$ und $\frac{c}{a} = q$ führt auf die **Normalform**:

$$x^2 + px + q = 0$$

$$\overbrace{ax^2}^{\substack{\text{quadrat.}\\\text{Glied}}} + \underbrace{bx}_{\substack{\text{lineares}\\\text{Glied}}} + \overbrace{c}^{\substack{\text{absolutes}\\\text{Glied}}} = 0$$

allgemeine Form:
$5x^2 + 10x + 5 = 0 \mid : 5$
Normalform der Gleichung:
$x^2 + 2x + 1 = 0$

■ **Gleichungen der Form $x^2 - q = 0$ ($q > 0$) durch „Wurzelziehen" lösen:**
$x^2 - q = 0 \qquad \mid$ 3. binomische Formel
$(x + \sqrt{q})(x - \sqrt{q}) = 0$
$x_1 = \sqrt{q}; x_2 = -\sqrt{q} \quad$ d. h., $L = \{\sqrt{q}; -\sqrt{q}\}$

Löse die Gleichung
$x^2 - 49 = 0$
$(x + 7)(x - 7) = 0; x_1 = 7; x_2 = -7;$ denn der Wert eines Produktes ist null, wenn einer der Faktoren null ist. Damit gilt: $L = \{7; -7\}$

■ **Gleichungen der Form $x^2 + px = 0$ durch Faktorisieren lösen:**
$x^2 + px = 0$
$x(x + p) = 0$
$x_1 = 0; x_2 + p = 0$
$x_1 = 0; x_2 = -p \quad$ d.h., $L = \{0; -p\}$

$x^2 - 9x = 0$
$x(x - 9) = 0$
$x_1 = 0; x_2 - 9 = 0$
$x_1 = 0; x_2 = 9 \qquad L = \{0; 9\}$

■ **Gleichungen der Form $(x - d)^2 - e = 0$ ($e > 0$) lösen:**
$(x - d)^2 - e = 0 \qquad \mid$ 3. binomische Formel
$\big((x - d) + \sqrt{e}\big)\big((x - d) - \sqrt{e}\big) = 0$
$x_1 - d + \sqrt{e} = 0 \mid + d - \sqrt{e}$ und
$x_2 - d - \sqrt{e} = 0 \mid + \sqrt{e} + d$
$x_1 = d - \sqrt{e}; \quad x_2 = d + \sqrt{e}$
$L = \{d - \sqrt{e}; d + \sqrt{e}\}$

$(x - 6)^2 - 4 = 0 \qquad \mid$ 3. binomische Formel
$\big((x - 6) + \sqrt{4}\big)\big((x - 6) - \sqrt{4}\big) = 0$
$x_1 - 6 + \sqrt{4} = 0 \mid + 6 - \sqrt{4}$ und
$x_2 - 6 - \sqrt{4} = 0 \mid + 6 + \sqrt{4}$
$x_1 = 6 - \sqrt{4}; \quad x_2 = 6 + \sqrt{4}$
$L = \{4; 8\}$

■ **Gleichungen mithilfe der 1. binomischen Formel lösen:**
$x^2 + 2tx + t^2 = 0 \quad \mid$ 1. binomische Formel
$(x + t)^2 = 0$
$(x + t)(x + t) = 0$
$x_1 + t = 0 \mid - t; x_2 + t = 0 \mid - t$
$x_1 = -t; x_2 = -t \quad$ d.h., $L = \{-t\}$

Analog gilt für die 2. binomische Formel:
$x^2 - 2tx + t^2 = 0$
$x_1 = t; x_2 = t; \quad$ d.h., $L = \{t\}$

$3x^2 + 48 = 24x \qquad \mid - 24x$
$3x^2 - 24x + 48 = 0 \qquad \mid : 3$
$x^2 - \underbrace{8x}_{2 \cdot x \cdot 4} + \underbrace{16}_{4^2} = 0 \qquad \mid$ 2. binomische Formel

$(x - 4)^2 = 0$
$(x_1 - 4) = 0; (x_2 - 4) = 0$
$x_1 = 4; x_2 = 4$
$L = \{4\}$

Beachte: Nicht jede quadratische Gleichung ist lösbar.

$x^2 = -6; L = \{\}$

ÜBUNG 22 Löse durch „Wurzelziehen".

a) $x^2 = 81$ b) $169 - x^2 = 0$ c) $4x^2 - 100 = 0$

d) $x^2 + 144 = 0$ e) $10x^2 = 90$ f) $(x + 7)^2 - 3 = 1$

g) $(2x - 5)^2 = 16$ h) $10(5 - x)^2 - 25{,}6 = 0$ i) $7(x + 2)^2 + 0{,}5 = 0$

ÜBUNG 23 Löse durch Faktorisieren.

a) $7x^2 - 35x = 0$ b) $-8x^2 + 4x = 0$ c) $5{,}5x^2 + 11x = 0$

ÜBUNG 24 Löse mithilfe der 1. oder der 2. binomischen Formel.

a) $x^2 + 16x + 64 = 0$ b) $x^2 + 81 = 18x$ c) $5x^2 + 5 = 10x$

ÜBUNG 25 Betrachte die Gleichung $(x + 2)^2 = a$. Für welche Werte von a hat die Gleichung …

a) keine Lösung?   b) eine Lösung?   c) zwei Lösungen?

WISSEN

Grafische Lösung quadratischer Gleichungen

1. Löse die Gleichung nach x^2 auf. Fasse linke und rechte Seite jeweils als Funktionsterm auf.

$$2x^2 + 2x - 4 = 0$$
$$2x^2 + 2x - 4 = 0 \mid -2x + 4$$
$$2x^2 = -2x + 4 \quad \mid : 2$$
$$x^2 = -1x + 2$$

2. Wähle $f(x)$ und $g(x)$.

$$f(x) = x^2 \text{ und } g(x) = -x + 2$$

3. Zeichne die Graphen von f und g. *Beachte:* Der Graph von f ist die NP. Der Graph von g ist eine Gerade.

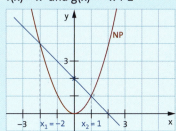

4. Lies die x-Koordinaten der Schnittpunkte ab. Sie sind die Lösungen der Gleichung. Gib die Lösungsmenge L an.

$$x_1 = -2; x_2 = 1$$

$$L = \{-2; 1\}$$

ÜBUNG 26 Bestimme die Lösungen folgender quadratischer Gleichungen zeichnerisch. Lies die Lösungen so genau wie möglich ab.

a) $x^2 - 9 = 0$ b) $x^2 - 2x = 0$ c) $x^2 - x - 6 = 0$

d) $x^2 + 1{,}5x - 1 = 0$ e) $x^2 + 0{,}5x - 1{,}5 = 0$ f) $x^2 + x - 3{,}75 = 0$

ÜBEN

WISSEN

p-q-Formel
Quadratische Gleichungen in der **Normalform**

$$x^2 + px + q = 0$$

lassen sich immer durch direktes Einsetzen in die **p-q-Formel** lösen:

$$x_1 = -\frac{p}{2} + \sqrt{\left(\frac{p}{2}\right)^2 - q} \; ; \; x_2 = -\frac{p}{2} - \sqrt{\left(\frac{p}{2}\right)^2 - q}$$

$$L = \{x_1; x_1\}$$

Beachte: Du musst die Gleichung erst in die Normalform bringen, bevor du die p-q-Formel anwenden kannst.

$$x^2 + 4x - 12 = 0$$
$$p = 4; q = -12:$$

$$x_1 = -\frac{4}{2} + \sqrt{\left(\frac{4}{2}\right)^2 + 12} \Leftrightarrow$$

$$x_1 = -2 + \sqrt{16} = 2$$

$$x_2 = -\frac{4}{2} - \sqrt{\left(\frac{4}{2}\right)^2 + 12} \Leftrightarrow$$

$$x_2 = -2 - \sqrt{16} = -6$$

$$L = \{2; -6\}$$

ÜBUNG 27 Löse die folgenden Gleichungen mithilfe der p-q-Formel.

a) $x^2 - 10x - 24 = 0$ b) $3x^2 + 24x - 60 = 0$ c) $-4x^2 + 4x = -3$

d) $x^2 + \frac{5}{3}x - \frac{14}{9} = 0$ e) $\frac{1}{2}x^2 - \frac{3}{20}x = \frac{1}{5}$ f) $2x^2 = 6x - 32$

ÜBUNG 28 Familie Gärtner möchte ein Grundstück kaufen. Frau Gärtner hat ganz genaue Vorstellungen, wie sie ihren Garten anlegen möchte. Dazu ist es unbedingt nötig, dass das Grundstück rechteckig und doppelt so lang ist wie breit.

a) In ihrem Ort könnten die Gärtners 968 m² Bauland kaufen. Wie lang und wie breit müsste das Grundstück sein, damit Frau Gärtner ihre Pläne umsetzen kann? (Tipp: Berechnung von Rechteckflächen ↑ Kap. 6.3. Stelle eine Gleichung auf, in der du x für die Breite wählst. Überlege, was du dann für die Länge ansetzen musst.)

b) Tante Frieda möchte ihren Lebensabend in Spanien verbringen und überlässt Herrn Gärtner eine rechteckige Teilfläche ihres Grundstücks. Die Teilfläche ist 10 m weniger breit als lang und 704 m² groß. Wie lang und wie breit ist sie? Wäre Frau Gärtner damit zufrieden?

c) Frau Gärtner hat einen Kurs in Gartengestaltung besucht und möchte nun, dass die Länge 8 m weniger als das Doppelte der Breite beträgt. Herr Gärtner übernimmt nun 640 m² von Tante Frieda, darf aber die Maße frei wählen. Wie lang und wie breit wird die Teilfläche, damit Frau Gärtner zufrieden ist?

ÜBEN

Klassenarbeit 1

AUFGABE 1 Die Parabel ist nach unten geöffnet und um zwei nach oben und um drei nach links verschoben. Die Parabel ist weiter als die Normalparabel. Zu welcher Funktion könnte diese Parabel gehören? Kreuze an.

☐ $f_a(x) = 2(x-2)^2 - 3$ ☐ $f_b(x) = -2(x+2)^2 - 3$ ☐ $f_c(x) = -0,2(x+3)^2 + 2$

☐ $f_d(x) = -\frac{4}{3}(x-3)^2 + 2$ ☐ $f_e(x) = 0,5(x+3)^2 + 3$ ☐ $f_f(x) = 2(x-2)^2 + 3$

AUFGABE 2 Zeichne mit der Normalparabel-Schablone zwei Parabeln, die sich ...

a) nicht schneiden.
b) in genau einem Punkt schneiden.
c) in genau zwei Punkten schneiden.
d) in genau drei Punkten schneiden.

AUFGABE 3 Gegeben ist die Funktion $f(x) = 2x^2 - 24x + 72$. Gib den Scheitelpunkt an und zeichne dann den dazugehörigen Graphen.

AUFGABE 4 Löse die folgenden quadratischen Gleichungen.

a) $x^2 + 12x = 0$　　　b) $x^2 - 0,25 = 0$　　　c) $4(x-7)^2 - 9 = 0$
d) $16 - x^2 = 12$　　　e) $14x^2 - 7x = 0$　　　f) $x^2 + 144 = 24x$

AUFGABE 5 Bestimme die Lösungen folgender quadratischer Gleichungen zeichnerisch. Lies die Lösungen so genau wie möglich ab.

a) $x^2 + 2x - 3 = 0$　　　b) $3x^2 - 3x - 18 = 0$　　　c) $x^2 - 4x + 5 = 0$

AUFGABE 6 Vereinfache die Wurzelterme.

a) $8 \cdot \sqrt{x} + 3 \cdot \sqrt{x} - 3 - 9\sqrt{x}$　　　b) $4 \cdot \sqrt{5x} - \sqrt{5x} + 4$
c) $\sqrt{225x} - \sqrt{64y} + \sqrt{144x} - \sqrt{y}$　　　d) $\left(\sqrt{8x} + \sqrt{3y}\right) \cdot \sqrt{6y}$

AUFGABE 7 Vereinfache die folgenden Terme mithilfe der binomischen Formeln.

a) $\left(\sqrt{2} + \sqrt{32}\right)^2$

b) $\left(\sqrt{1,2} - \sqrt{30}\right)^2$

c) $\left(\sqrt{7} + \sqrt{11+x}\right) \cdot \left(\sqrt{7} - \sqrt{11+x}\right)$

AUFGABE 8 Berechne $\sqrt{143}$ mithilfe des heronschen Näherungsverfahren auf drei Nach- kommastellen genau.

TESTEN

Klassenarbeit 2

 45 Minuten

 AUFGABE 9 Das Bild soll die Zahlenmengen ℕ, ℤ, ℚ und ℝ darstellen. Jede Menge ist also Teilmenge aller sie *umgebenden* Mengen.

a) Trage in die eckigen Felder jeweils den Namen der Zahlenmenge ein.
b) Trage die angegebenen Zahlen an der richtigen Stelle in das Mengenbild ein.

0
$\sqrt{3}$
-13
$\frac{1}{4}$
$0{,}333\,333\,333...$

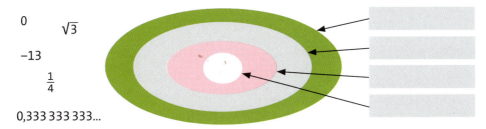

 AUFGABE 10 Vereinfache – ohne Taschenrechner – die Terme so weit wie möglich.

a) $\sqrt{20} \cdot \sqrt{4}$ b) $\sqrt{\frac{25}{144}}$ c) $\sqrt{1\,210\,000}$ d) $\sqrt{49x^2}$ e) $3\sqrt{7} - 4\sqrt{7}$

 AUFGABE 11 Gib jeweils die Scheitelpunktform und die Normalform der gesuchten quadratischen Funktion an, bestimme den Scheitel und berechne die Nullstellen.

a) Eine Normalparabel wird um 2 Einheiten nach links und um 3 Einheiten nach unten verschoben.
b) Eine Normalparabel wird an der x-Achse gespiegelt und um 4 Einheiten nach oben verschoben.
c) Eine Normalparabel wird um den Faktor 2 gestreckt und um 5 Einheiten nach rechts verschoben.

 AUFGABE 12 Bestimme jeweils die Lösungsmenge.

a) $x^2 - 49 = 0$ b) $x^2 - 2x + 1 = 4$
c) $x^2 - 5x - 14 = 0$ d) $2x^2 - 4x = -2$

 AUFGABE 13 Bestimme jeweils den Scheitelpunkt.

a) $f(x) = x^2 + 11$ b) $f(x) = x^2 - 2x - 3$
c) $f(x) = 2x^2 - 10x - 28$ d) $f(x) = 2x^2 - 4x + 2$

 AUFGABE 14 Stimmen die Aussagen von Mitch und Kyle? Begründe deine Antwort.

Mitch

Wenn ich den Scheitelpunkt einer Parabel kenne, kann ich die Parabel zeichnen.

Wenn ich die Nullstellen einer Parabel kenne, kann ich die Parabel zeichnen.

Kyle

TESTEN

Gebrochenrationale Funktionen

5.1 Zeichnen von Funktionsgraphen

Ein Term, in dessen Nenner Variable vorkommen, heißt **Bruchterm**.

$$\frac{-3}{x}\,;\,\frac{9}{b^2-x}\,;\,\frac{5}{5-x}\,;\,\frac{2x+1}{x}\,;\,\frac{3}{x^2}$$

Für die Variablen dürfen alle Zahlen aus der Grundmenge eingesetzt werden, für die der Wert des Nenners ungleich null ist. Für alle Zahlen, für die der Nennerwert gleich null ist, ist der Bruchterm **nicht definiert**. Diese Zahlen nennt man **Nullstellen des Nenners** oder **Definitionslücken**.

Die Terme $\frac{-3}{x}$ und $\frac{2x+1}{x}$ sind für $x = 0$ *nicht definiert* (Definitionslücke).

Der Term $\frac{5}{x-5}$ ist für $x = 5$ *nicht definiert* (Definitionslücke).

Beachte: Ist nichts anderes angegeben, so ist die Grundmenge $\mathbb{Q}$ (oder $\mathbb{R}$).

Es gibt Funktionen, deren Funktionsterm ein Bruchterm ist. Diese heißen **gebrochenrationale Funktionen**.

$$f(x) = \frac{x-6}{3x-6}$$

Definitionsmenge bestimmen: Da der Nenner eines Bruchterms nie den Wert null annehmen darf, musst du die Definitionsmenge einer solchen Funktion entsprechend einschränken.
Die **maximale Definitionsmenge** ist also $\mathbb{Q}$ ohne die Nullstellen des Nenners.

Nullstellen des Nenners bestimmen:
$$3x - 6 = 0 \quad | +6$$
$$3x = 6 \quad | :3$$
$$x = 2$$

Man schreibt:
$D_f = \mathbb{Q} \setminus \{x\}$, wobei x die Nullstelle des Nenners ist.

Damit schließt man alle x-Werte aus, für die der Nenner null wird.

Als Definitionsmenge ergibt sich:
$D_f = \mathbb{Q} \setminus \{2\}$

Funktionsgraph: Um den Funktionsgraphen einer gebrochenrationalen Funktion zu zeichnen, musst du eine Wertetabelle anlegen, mit der du einzelne Punkte des Graphen bestimmen kannst (↑ Kap. 2.2).

f(2) ist nicht definiert

$$f(x) = \frac{x-6}{3x-6}$$

WISSEN

WISSEN

Potenzieren mit ganzen Zahlen

Wie du bereits weißt, kann die Multiplikation gleicher Faktoren als *Potenz* geschrieben werden.
Der Exponent gibt an, wie oft der Faktor a vorkommt.

$$\underbrace{a \cdot a \cdot a \cdot \ldots \cdot a}_{n\text{-mal der Faktor a}} = a^n; \quad b^3 = b \cdot b \cdot b$$

$$\text{Basis} \longrightarrow 2^4 \longleftarrow \text{Exponent}$$
$$\underbrace{}_{\text{Potenz}}$$

Das Potenzieren einer Zahl mit einer *negativen* ganzen Zahl ist folgendermaßen erklärt:

$$a^{-n} = \left(\frac{1}{a}\right)^n = \frac{1}{a^n}$$

$$3^{-2} = \left(\frac{1}{3}\right)^2 = \left(\frac{1}{3^2}\right) = \frac{1}{9}$$

$$x^{-3} = \left(\frac{1}{x}\right)^3 = \left(\frac{1}{x^3}\right)$$

ÜBUNG 1 Fülle die Lücken.

a) $5^2 = \boxed{} = \boxed{}$

b) $5^{-2} = \frac{1}{5^2} = \frac{1}{5 \cdot 5} = \boxed{}$

c) $10^{-5} = \boxed{}$

d) $b^{-5} = \boxed{}$

e) $(2x)^{-1} = \boxed{}$

f) $(2x)^{-3} = \boxed{} = \frac{1}{(2x) \cdot (2x) \cdot (2x)} = \frac{1}{2^3 x^3} = \frac{1}{8x^3}$

ÜBUNG 2 Bestimme die maximale Definitionsmenge. Ergänze die Tabelle.

Funktion	Nullstellen des Nenners bestimmen	Definitionsmenge
a) $f(x) = x^{-1}$		
b) $f(x) = x^{-2} - 1$	$f(x) = \frac{1}{x^2} - 1$; Nennernullstelle: $x^2 = 0$ $\qquad x = 0$	$D_f = \mathbb{Q} \setminus \{0\}$
c) $f(x) = \frac{x-7}{x-2} + 7$	Nennernullstelle: $x - 2 = 0 \ \vert +2$ $\qquad\qquad\qquad x = \boxed{}$	
d) $f(x) = \frac{17}{2x+3}$	Nennernullstelle:	
e) $f(x) = \frac{2x+1}{(x-8) \cdot (2x+2)}$	Nennernullstellen: $\quad x - 8 = 0 \quad 2x + 2 = 0$ $(x-8) \cdot (2x+2) = 0 \quad x = \boxed{} \quad x = \boxed{}$	

ÜBEN

ÜBUNG 3   Bestimme die maximale Definitionsmenge und zeichne den Funktionsgraphen. Da du nur millimetergenau zeichnen kannst, reicht es in der Regel aus, wenn du die Funktionswerte auf zwei Dezimalen genau berechnest.

a) $f(x) = \frac{2x}{2x-1} + 2$ $D_f = $ _____ , da _____

x	f(x)
−2	
−1	
0	
0,2	
0,4	
0,5	
0,6	
0,8	
1	
2	
3	
4	

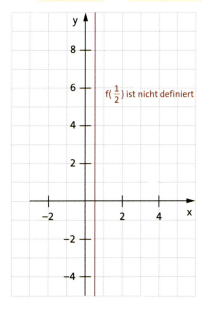

$f(\frac{1}{2})$ ist nicht definiert

b) $f(x) = \frac{4x+2}{2x+1}$ $D_f = $ _____ , da _____

x	f(x)
−2	
−1	
−0,8	
−0,7	
−0,6	
−0,55	
−0,5	
−0,4	
0	
99	

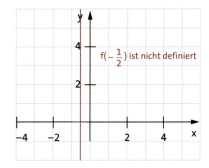

$f(-\frac{1}{2})$ ist nicht definiert

Vermutung: für $x \neq -\frac{1}{2}$ gilt: $f(x) = \frac{4x+2}{2x+1} = $ _____

(Dies ist vorerst eine Vermutung.)

Für $x = -\frac{1}{2}$ ist der Funktionswert nicht definiert.

ÜBEN

71

ÜBUNG 4 Betrachte die folgenden Funktionen: $f_1(x) = (x + 1)^{-1} + 2$; $f_2(x) = x^{-2}$

a) Bestimme jeweils die Definitionsmenge.
b) Fülle die Wertetabelle aus.
c) Zeichne beide Funktionsgraphen in das vorbereitete Koordinatensystem.
d) Lies die Schnittpunkte der Funktionsgraphen ab.

a) D_{f1} = _____ D_{f2} = _____

b)

x	$f_1(x)$	$f_2(x)$
−2		
−1,5		
−1,2		
−1		
−0,8		
−0,5		
−0,2		
0		
0,2		
0,5		
1		
2		
3		

c)

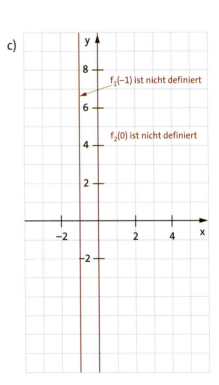

$f_1(-1)$ ist nicht definiert

$f_2(0)$ ist nicht definiert

d) In welchen drei Punkten schneiden sich die beiden Graphen?

ÜBUNG 5 Bearbeite diese Aufgabe im Heft. Betrachte folgende Funktionen:

I. $f_1(x) = \dfrac{3x + 5}{x + 4}$ $f_2(x) = \dfrac{3x - 5}{x - 4}$ II. $f_1(x) = \dfrac{4}{2 - x}$ $f_2(x) = \dfrac{4}{x + 4}$

a) Bestimme jeweils beide Definitionsmengen.
b) Erstelle für beide eine Wertetabelle mit den x-Werten −3; −2; −1; 0; ...; 7.
c) Zeichne beide Funktionsgraphen in ein gemeinsames Koordinatensystem.
   Ergänze gegebenenfalls um Werte in der Nähe der Definitionslücken.
d) Lies die Schnittpunkte der Funktionsgraphen ab.

5.2 Schnittpunkte von Funktionsgraphen bestimmen – Bruchgleichungen lösen

Um die Schnittpunkte der Funktionsgraphen zweier gebrochenrationaler Funktionen zu **berechnen**, musst du beide Funktionsterme gleichsetzen und die entstandene **Bruchgleichung** in 6 Schritten lösen.

Bestimme den Schnittpunkt der Funktionsgraphen von

$f_1(x) = \frac{3}{x+3}$ und $f_2(x) = \frac{2}{x}$.

Du musst die *zugehörige Bruchgleichung*

$\frac{3}{x+3} = \frac{2}{x}$ lösen.

---

1. Bestimme die Definitionsmenge für beide Terme.
2. Die Nenner müssen weg: Multipliziere alle Bruchterme mit allen vorkommenden Nennern.
3. Kürze so, dass in jedem Nenner 1 steht.
4. Löse nach x auf.
5. Überprüfe, ob die Lösungen zu den Definitionsmengen gehören.
6. Gib die Lösungsmenge L an.

Löse die Bruchgleichung $\frac{3}{x+3} = \frac{2}{x}$.

1. $D = \mathbb{Q} \setminus \{-3; 0\}$

2. $\quad \frac{3}{x+3} = \frac{2}{x} \qquad\qquad | \cdot (x+3) \cdot x$

$\quad \frac{3 \cdot (x+3) \cdot x}{x+3} = \frac{2 \cdot (x+3) \cdot x}{x}$

3. $\quad \frac{3 \cdot x}{1} = \frac{2 \cdot (x+3)}{1}$

4. $\qquad 3x = 2x + 6$

5. $\qquad x = 6; 6 \in D$

6. $\qquad L = \{6\}$

Setze die Lösungen x in eine der Funktionsgleichungen $f_1(x)$ oder $f_2(x)$ ein.
Nun kannst du die Schnittpunkte der Funktionsgraphen angeben:
$S(x \,|\, f_1(x))$ bzw. $S(x \,|\, f_2(x))$ mit $x \in L$.

Einsetzen von 6 in eine der beiden Funktionsgleichungen ergibt:

$f_2(6) = \frac{2}{6} = \frac{1}{3}$

Somit ist der Schnittpunkt: $S\left(6 \,\big|\, \frac{1}{3}\right)$

Rechnen mit Bruchtermen

Aus der Bruchrechnung ist dir bekannt:

■ **Gleichnamige Brüche werden addiert** (subtrahiert), indem man die Zähler addiert und den Nenner beibehält.

■ **Ungleichnamige Brüche** musst du zuerst gleichnamig machen. Anschließend kannst du addieren oder subtrahieren.

■ Brüche werden **multipliziert**, indem man „Zähler mal Zähler" und „Nenner mal Nenner" rechnet.

■ Bruchterme werden **dividiert**, indem man den ersten Bruchterm mit dem Kehrbruch des zweiten Bruchterms multipliziert.

$\frac{4}{x+4} - \frac{7x}{x+4} = \frac{4-7x}{x+4}$

$\frac{x-7}{2x} + \frac{5}{7x} = \frac{7(x-7)}{7 \cdot 2x} + \frac{2 \cdot 5}{2 \cdot 7x} = \frac{7x-39}{14x}$

$\frac{x+7}{x-6} \cdot \frac{x-6}{x+8} = \frac{(x+7) \cdot (x-6)}{(x-6) \cdot (x+8)} = \frac{x+7}{x+8}$

$\frac{x}{x-5} : \frac{x+5}{2x} = \frac{x}{x-5} \cdot \frac{2x}{x+5} = \frac{2x^2}{x^2-25}$

WISSEN

WISSEN

Vereinfachen von Bruchtermen

Zusammenfassen: Bei Summen und Differenzen ist es z. T. sinnvoll, die Bruchterme gleichnamig zu machen.

Für $x \neq 0$ gilt:

$$\frac{5x-3}{x} - 5 = \frac{5x-3}{x} - \frac{5x}{x} = \frac{5x-3-5x}{x} = -\frac{3}{x}$$

Kürzen: Hier musst du zunächst nach gemeinsamen Faktoren in Zähler und Nenner suchen, dann faktorisieren (↑ Kap. 1) und schließlich kürzen.

Für $x \neq 0$ gilt:

$$\frac{2x^2-34x}{4x^2-50x^3} = \frac{2x(1x-17\cdot 1)}{2x(2x-25x^2)} = \frac{x-17}{2x-25x^2}$$

Bevor du mit Bruchtermen rechnest, musst du zunächst die maximale Definitionsmenge festlegen.

Der Term $\frac{x^2}{x}$ ist definiert für $x \neq 0$.

Definitionsmenge des Terms: $D = \mathbb{Q} \setminus \{0\}$

Beachte: Erweitern oder Kürzen eines Bruchterms kann zu einem Term mit einer anderen Definitionsmenge führen!

$\frac{x^2}{x} = x$ gilt nur für $x \neq 0$, da $\frac{x^2}{x}$ für $x = 0$

nicht definiert ist.

Du musst *immer* die Definitionsmenge des ursprünglichen Terms berücksichtigen!

Das Gleichheitszeichen zwischen ungekürztem Bruchterm und gekürztem Bruchterm gilt nur für die Zahlen, für die beide Terme definiert sind.

$$\text{Man schreibt: } \frac{x^2}{x} = \begin{cases} x & \text{für } x \neq 0 \\ \text{nicht definiert} & \text{für } x = 0 \end{cases}$$

 ÜBUNG 6 Vereinfache so weit wie möglich. Für a) bis d) gilt $x \neq 0$ und $a \neq 0$.

a) $\dfrac{5x+15}{25x}$ 　　 b) $\dfrac{x^2+x}{x^2}$ 　　 c) $\dfrac{2}{x} + \dfrac{5+x}{x}$ 　　 d) $\dfrac{4ax+2ax^2}{3a^2x}$

 ÜBUNG 7 Welche Terme sind für $x > 0$ gleich?

$\dfrac{x}{2} + \dfrac{2}{x}$; 　 $\dfrac{x \cdot (x+1)}{x^2}$; 　 $\dfrac{x+2}{2+x}$; 　 $\dfrac{x^2+x}{x^2}$; 　 1 ; 　 $\dfrac{x+1}{x}$; 　 $1 + \dfrac{1}{x}$

 ÜBUNG 8 Gib jeweils die maximale Definitionsmenge an. Vereinfache anschließend die Funktionsterme.

a) $f(x) = \dfrac{3}{2x} + \dfrac{13}{2x}$ 　　 b) $f(x) = \dfrac{2}{x} + \dfrac{5}{3x}$ 　　 c) $f(x) = \dfrac{3x}{2x}$

d) $f(x) = \dfrac{x-7}{x-2} + \dfrac{x-7}{x+2}$ 　　 e) $f(x) = \dfrac{5}{x+3} \cdot \dfrac{x}{5}$ 　　 f) $f(x) = \dfrac{x-5}{5x} : \dfrac{x+5}{5x}$

ÜBEN

ÜBUNG 9 Gib zunächst die maximale Definitionsmenge an und vereinfache mithilfe der binomischen Formeln (↑ Kap. 1.3).

Funktion	Definitionsmenge	Binomische Formeln
a) $f(x) = \dfrac{x^2 + 4x + 4}{x + 2} =$		1. binomische Formel $x^2 + 2xy + y^2 = (x + y)^2$
b) $f(x) = \dfrac{x^2 - 6x + 9}{x - 3} =$		2. binomische Formel $x^2 - 2xy + y^2 = (x - y)^2$
c) $f(x) = \dfrac{x + 5}{x^2 - 25} =$		
d) $f(x) = \dfrac{x - 7}{x^2 - 49} =$		3. binomische Formel $x^2 - y^2 = (x + y)(x - y)$

ÜBUNG 10 Betrachte die folgenden Funktionen.

$$f_1(x) = \frac{7x - 21}{7x} \qquad f_2(x) = 1 - \frac{3}{x} \qquad f_3(x) = \frac{-4x + 12}{-4x} \qquad f_4(x) = \frac{9 - 3x}{-3x}$$

a) Gib für jede der Funktionen die maximale Definitionsmenge an.
b) Erstelle für die vier Funktionen eine Wertetabelle mit den x-Werten $-5; -4;$ $-3; \dots ; 5$.
c) Wenn du richtig gerechnet hast, müssten alle Funktionsvorschriften dieselben Werte liefern. Woran liegt das? Versuche mithilfe des Distributivgesetzes $(a + b) \cdot c = ac + bc$ bzw. $\frac{a + b}{c} = \frac{a}{c} + \frac{b}{c}$ zu zeigen, dass alle Funktionsvorschriften dieselbe Funktion beschreiben.

ÜBUNG 11 Bearbeite diese Aufgabe in deinem Übungsheft. Trage anschließend deine Lösungen in die Tabelle ein.

Bestimme für jede der folgenden Funktionen die maximale Definitionsmenge und berechne die Schnittpunkte der Funktionsgraphen. (Tipp: Manchmal ist es sinnvoll, den Nenner zu faktorisieren (↑ Kap. 1).)

	1. Funktion	D_1	2. Funktion	D_2	Schnittpunkte
a)	$f_1(x) = \dfrac{4}{2-x}$		$f_2(x) = \dfrac{4}{x+4}$		
b)	$f_1(x) = \dfrac{x}{5} + \dfrac{3x}{x-3}$		$f_2(x) = \dfrac{x}{5x-15}$		
c)	$f_1(x) = 1 - 22 \cdot x^{-1}$		$f_2(x) = -121 \cdot x^{-2}$		
d)	$f_1(x) = \dfrac{x}{x^2 - 25}$		$f_2(x) = \dfrac{1}{x-5}$		

ÜBEN

Gebrochenrationale Funktionen

 45 Minuten

 AUFGABE 1 Vereinfache die folgenden Funktionsterme in deinem Übungsheft.

a) $f(x) = x^{-1} + \dfrac{x+5}{2x}$

b) $f(x) = (2x)^{-1} + x^{-1}$

c) $f(x) = \dfrac{x-5}{x^2 - 10x + 25}$

d) $f(x) = \dfrac{4-x}{16 - x^2}$

 AUFGABE 2 Betrachte die folgenden Funktionen:

$$f_1(x) = \frac{2x}{x-4} \qquad\qquad f_2(x) = \frac{-3+4x}{2x}$$

a) Bestimme die jeweilige Definitionsmenge.

b) Erstelle für beide Funktionen eine Wertetabelle mit den x-Werten $-5; -4; \ldots; 5$.

c) Zeichne die jeweiligen Funktionsgraphen in ein gemeinsames Koordinatensystem.

d) Lies den Schnittpunkt der Funktionsgraphen ab. Setze anschließend die abgelesene x-Koordinate des Schnittpunktes als Wert für x in einen der beiden Funktionsterme ein. Was fällt dir auf?

 AUFGABE 3 Betrachte die folgenden Funktionen:

I. $f_1(x) = \dfrac{3x+5}{x+4} \quad f_2(x) = \dfrac{3x-5}{x-4}$ II. $f_1(x) = \dfrac{3}{x} \quad f_2(x) = \dfrac{3x}{x - \frac{1}{4}}$

a) Bestimme die jeweilige Definitionsmenge.

b) Berechne die Schnittpunkte der Funktionsgraphen.

 AUFGABE 4 Die Klasse 8b sollte zu den unten angegebenen Funktionen die zugehörigen Funktionsgraphen zeichnen. Milena hat nur den Graphen von f_2 gezeichnet und mit der Ausrede, beide Funktionsgraphen sähen gleich aus, auf die Zeichnung des zweiten Graphen verzichtet. Vereinfache $f_1(x)$ so, dass $f_2(x)$ entsteht. Hat Milena Recht? Fabio erwidert: „Das stimmt nicht. Setze doch mal -3 in den Funktionsterm ein."
Was muss man beachten, wenn man einen Funktionsterm vereinfacht?

$$f_1(x) = \frac{x^2 + 6x + 9}{x+3} ; \quad f_2(x) = x+3$$

 AUFGABE 5 Berechne den Schnittpunkt der beiden Funktionsgraphen aus Aufgabe 2. Nenne Nachteile der grafischen Schnittpunktbestimmung.

Klassenarbeit 2

 60 Minuten

AUFGABE 6 Welche Terme sind äquivalent zu dem Term $(5x)^{-2}$? Kreuze an.

a) $\frac{5}{x^2}$ ☐ b) $\frac{25}{x^2}$ ☐ c) $\frac{1}{5^2x^2}$ ☐ d) $-25x^2$ ☐

e) $\left(\frac{1}{5x}\right)^2$ ☐ f) $\frac{1}{25x^2}$ ☐ g) $-10x$ ☐ h) $\frac{1}{(5x)^3}$ ☐

AUFGABE 7 Kürze die Bruchterme so weit wie möglich.

a) $\frac{x(6x+1)}{3x}$ =

b) $\frac{a^2-1}{a+a^2}$ =

c) $\frac{x^2-16}{x^2-8x+16}$ =

AUFGABE 8 Bestimme zu jedem Term aus Aufgabe 7 die Definitionsmenge.

a) D =   b) D =   c) D =

AUFGABE 9 Fasse die Terme jeweils zu einem Bruchterm zusammen und vereinfache ihn so weit wie möglich.

a) $\frac{x^2}{x+1}-\frac{1}{x+1}$ =   =

=

b) $\frac{a}{a-2}-\frac{a}{a+2}$ =   =

=   =

c) $\frac{-1}{y+3}+\frac{3}{y^2+6y+9}$ =   =

AUFGABE 10 Bestimme Definitions- und Lösungsmenge der Gleichung $\frac{4}{x^2-9}=\frac{1}{4}$.

D =   L =

AUFGABE 11 Gegeben ist der Graph einer gebrochenrationalen Funktion f.

a) Bestimme den Funktionsterm.   f(x) =

b) Gib die Definitionsmenge an.   D =

c) Ergänze: Der Graph von f geht aus dem von $g(x) = \frac{1}{x}$ hervor durch Verschiebung

um .... nach .... und um .... nach ....

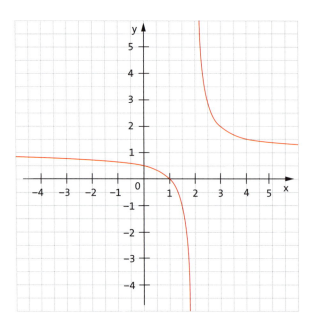

 AUFGABE 12 Gegeben sind die beiden gebrochenrationalen Funktionen $f(x) = \frac{-4}{2x-4}$ und $g(x) = \frac{2}{x+4}$.

a) Bestimme jeweils die Definitionsmenge. $D_1 = $ .... $D_2 = $ ....

b) Wo schneiden sich die Graphen der Funktionen? Schnittpunkt S (...... | ......)

 AUFGABE 13 Zwei Maschinen zur Müllsortierung bearbeiten eine Fuhre Abfall in einer Stunde.

a) Wie lange würde eine Maschine für dieselbe Menge brauchen?
b) Wie lange wären drei bzw. fünf Maschinen damit beschäftigt?
c) Stelle eine Funktion auf, die der Anzahl der Maschinen die benötigte Zeit zuordnet.

 AUFGABE 14 Um welche Zahl muss man den Zähler und den Nenner des Bruches $\frac{5}{7}$ verkleinern, um $\frac{1}{2}$ zu bekommen? Löse mithilfe einer Gleichung.

TESTEN

Kreise, Dreiecke und Vierecke

6.1 Berechnungen und Linien am Kreis

Linien und Winkel am Kreis:

■ Eine **Sekante** ist eine **Gerade** s, die den Kreis in zwei Punkten schneidet.

■ Eine **Tangente** ist eine **Gerade** t, die den Kreis berührt. Sie hat also genau einen gemeinsamen Punkt mit dem Kreis.

■ Eine **Passante** p ist eine **Gerade,** die den Kreis in keinem Punkt berührt.

■ Eine **Sehne** ist eine **Strecke,** deren Endpunkte auf dem Kreis liegen. Eine Sehne, die durch den Kreismittelpunkt geht, heißt **Durchmesser** d.

■ Ein **Kreisbogen** ist ein durch zwei Punkte A und B begrenztes Stück der Kreislinie.

Geraden am Kreis

Eine Gerade und ein Kreis haben höchstens zwei gemeinsame Punkte.

Ein Winkel heißt **Umfangswinkel (Peripheriewinkel),** wenn sein Scheitel auf dem Kreis liegt und seine Schenkel den Kreis schneiden.
Alle Umfangswinkel über demselben Kreisbogen sind gleich groß.

Ein Winkel heißt **Mittelpunktswinkel (Zentriwinkel),** wenn sein Scheitelpunkt der Mittelpunkt des Kreises ist.
Über jedem Kreisbogen ist der Mittelpunktswinkel doppelt so groß wie der Umfangswinkel.

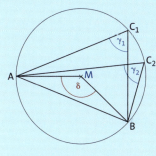

Winkel am Kreis

Umfangswinkel:

$\gamma_1 = \gamma_2$

$\sphericalangle AC_1B = \gamma_1$

$\sphericalangle AC_2B = \gamma_2$

Mittelpunktswinkel:

$\sphericalangle AMB = \delta$

$\delta = 2 \cdot \gamma_1$

$\quad = 2 \cdot \gamma_2$

Berechnungen am Kreis:

Umfang: $\boxed{U = 2\pi r}$

Flächeninhalt: $\boxed{A_o = \pi r^2}$

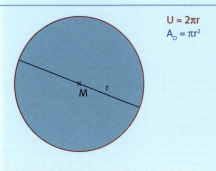

$U = 2\pi r$

$A_o = \pi r^2$

ÜBUNG 1   Linien, Punkte und Kreisteile erkennen.

a) Zeichne den Radius ein.
b) Zeichne einen beliebigen Punkt A
   auf der Kreislinie. Zeichne durch den
   Punkt A eine Tangente. (Tipp: Die
   Tangente steht senkrecht auf dem
   Radius, der den Kreis in A berührt.)
c) Markiere zwei weitere Punkte B
   und C auf der Kreislinie. Zeichne eine
   Sekante durch diese Punkte.
d) Markiere einen Punkt D auf der
   Kreislinie und zeichne die Sehne
   zwischen Punkt A und Punkt D.
e) Beschrifte alle Teile des Kreises.

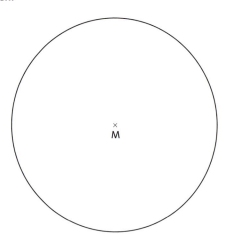

 ÜBUNG 2   Nenne alle Sekanten, Sehnen, Tangenten, Passanten, die du an diesem Kreis
erkennen kannst.

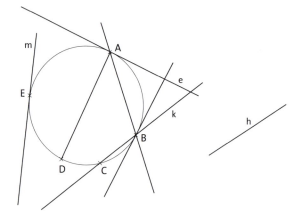

Sekanten

> Gerade durch C und B;

Sehnen

> Die Strecke CB;

Tangenten

Passanten

ÜBUNG 3 Zeichne einen Kreis mit dem Radius 2 cm und dem Mittelpunkt M in dein Übungsheft.

a) Konstruiere nun die Geraden g, h und l, die folgende Abstände vom Mittelpunkt des Kreises haben: Der Abstand zwischen g und M beträgt 1,5 cm, der Abstand zwischen h und M beträgt 2 cm, der Abstand zwischen l und M beträgt 2,5 cm.

b) Betrachte deine Zeichnung genau und entscheide, welche Gerade eine Tangente, welche eine Passante und welche eine Sekante des Kreises ist.
(Tipp: Der Abstand eines Punktes M von einer Geraden g ist die Länge der kürzesten (und damit senkrechten) Verbindungsstrecke von M zu g.)

ÜBUNG 4 Winkel am Kreis erkennen und messen.

Um welche Winkelart handelt es sich in der

Abbildung?

Begründe deine Antwort:

Miss die Winkel:

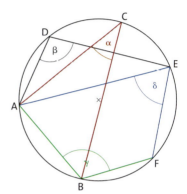

ÜBUNG 5 Winkel am Kreis erkennen und messen.

Um welche Winkelart handelt es sich jeweils und wie groß sind die Winkel? Trage die Ergebnisse in die Tabelle ein:

Winkel	Winkelart	Winkelgröße

Fällt dir etwas auf? Warum ist das so?

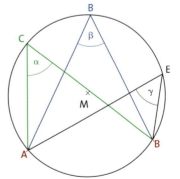

ÜBUNG 6 Winkel am Kreis erkennen und messen.

Um welche Winkelart handelt es sich
jeweils und wie groß sind die Winkel?
Trage die Ergebnisse in die Tabelle ein:

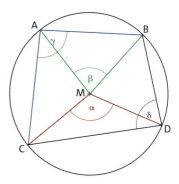

Winkel	Winkelart	Winkelgröße

 ÜBUNG 7 Berechne Umfang und Flächeninhalt des Kreises.

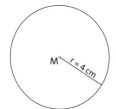

$U = 2\pi r$ $A = $

$=$ $=$

$=$ $=$

$=$ $=$

 ÜBUNG 8 Berechne für die folgenden Flächeninhalte jeweils Radius und Durchmesser
des zugehörigen Kreises.

a) $A = 12{,}56\,cm^2$ $A = \pi r^2$

$12{,}56\,cm^2 \approx 3{,}14 \cdot r^2\,cm^2 \mid : 3{,}14$

$r^2 \approx \quad\quad cm^2 \mid \sqrt{...}$

$r \approx \quad\quad cm$

$d = 2r \approx \quad\quad cm$

b) $A = 158\,cm^2$

ÜBEN

6.2 Dreiecke und Vierecke am Kreis

Ein Viereck, dessen vier Eckpunkte auf einem Kreis liegen, heißt **Sehnenviereck**. Seine Seiten sind Sehnen des Kreises. Die Summe zweier gegenüberliegender Innenwinkel beträgt stets 180°.

Merke: Ein Viereck, das einen Umkreis besitzt, ist ein Sehnenviereck.

Du kannst ein Sehnenviereck auch ohne Umkreis erkennen:
Beträgt die Summe je zweier gegenüberliegender Winkel eines Vierecks 180°, so handelt es sich um ein Sehnenviereck.

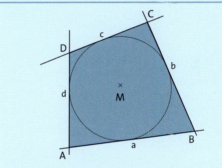

Es gilt:
$\alpha + \gamma = 180°$
$\beta + \delta = 180°$

Ein Viereck, dessen vier Seiten auf Tangenten eines Kreises liegen, heißt **Tangentenviereck**.
Im Tangentenviereck ist die Summe der Längen zweier gegenüberliegender Seiten stets gleich der Summe der anderen beiden Seiten.

Merke: Ein Viereck, das einen Inkreis besitzt, ist ein Tangentenviereck.

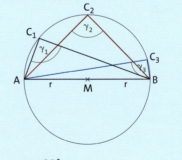

Es gilt: $a + c = b + d$

Satz des Thales

Ein Kreis mit dem Durchmesser $\overline{AB}$ heißt **Thaleskreis** über der Strecke AB.
Für jeden Punkt C_i, der auf diesem Kreis liegt, gilt: $\sphericalangle AC_iB (= \gamma_i)$ ist ein rechter Winkel; das Dreieck ABC_i ist rechtwinklig.

Es gilt auch die Umkehrung des Satzes:
Ist $\sphericalangle ACB (= \gamma)$ ein rechter Winkel, so liegt der Punkt C des Dreiecks ABC auf dem Kreis mit dem Durchmesser $\overline{AB}$.

$\gamma_1 = \gamma_2 = \gamma_3 = 90°$

WISSEN

ÜBUNG 9   Betrachte folgendes Sehnenviereck.

Bestimme die Größen der Winkel:

$\alpha =$ _____ $\delta =$ _____

Begründe deine Antwort (ziehe hierzu die
Eigenschaften des Sehnenvierecks heran):

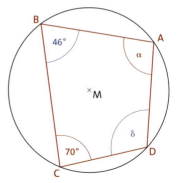

ÜBUNG 10   Betrachte folgendes Tangentenviereck.

Wie groß muss die Summe der Seitenlängen
b und d sein?

$b + d =$ _____

Begründe deine Antwort (ziehe hierzu die
Eigenschaften des Tangentenvierecks heran):

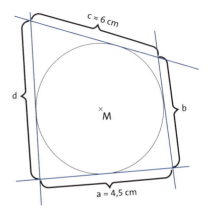

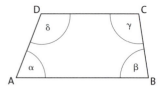

ÜBUNG 11   Das Viereck ABCD soll ein Sehnenviereck sein. Berechne die fehlenden Winkel.
(Tipp: Denke daran, dass es festgelegte Bezeichnungen für Vierecke gibt.)

a) $\alpha = 30°; \beta = 124°$ b) $\delta = 85{,}3°; \alpha = 118°$ Skizze:

$\gamma =$ _____ $\beta =$ _____

$\delta =$ _____ $\gamma =$ _____

c) $\gamma = 125°; \delta = 103°$ d) $\alpha = \beta = 82°$

$\alpha =$ _____ $\gamma =$ _____

$\beta =$ _____ $\delta =$ _____

ÜBEN

ÜBUNG 12 Ergänze – falls möglich – den fehlenden Winkel des Viereckes ABCD (mit den Winkeln α, β, γ, δ) so, dass ein Sehnenviereck entsteht. Sollte dies nicht möglich sein, begründe, warum.

a) $\alpha = 73,5°$; $\beta = 123,5°$; $\gamma = 106,5°$; $\delta =$

b) $\alpha = 80,6°$; $\gamma = 99,4°$; $\delta = 56,9°$; $\beta =$

c) $\beta = 44,3°$; $\gamma = 151,1°$; $\delta = 135,7°$; $\alpha =$

d) $\beta = 2\alpha$; $\gamma = 4\alpha$; $\delta = 102°$; $\alpha =$

ÜBUNG 13 Arbeite in deinem Heft. Zeichne einen Kreis mit dem Mittelpunkt M und dem Radius 4 cm in dein Übungsheft. Markiere auf der Kreislinie die Punkte A, B, C und D. Zeichne das Sehnenviereck mit den Eckpunkten ABCD und das Tangentenviereck durch diese vier Punkte.

ÜBUNG 14 Konstruiere mithilfe des Thaleskreises aus folgenden Teilstücken ein rechtwinkeliges Dreieck ABC mit $\gamma = 90°$. Zeichne in dein Übungsheft.

a) $\overline{AB} = 8,5$ cm und $h_c = 4,2$ cm

b) $\overline{AB} = 7$ cm und $\overline{AD} = 3$ cm, wobei D der Schnittpunkt von h_c mit AB ist.

c) $\overline{AB} = 6,3$ cm und $\beta = 72°$

d) $\overline{AB} = 7,2$ cm und $\alpha = 58°$

ÜBUNG 15 Konstruiere ein Dreieck mithilfe des Thaleskreises. Gegeben ist $\overline{AB} = 7,5$ cm; $h_a = 5,6$ cm; $h_b = 6,2$ cm. Zeichne in dein Übungsheft.

ÜBUNG 16 Berechne die Winkel α_1 und α_2 des abgebildeten gleichschenkligen Dreiecks.

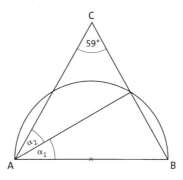

ÜBEN

6.3 Umfang und Flächeninhalt von Dreieck und Viereck

Berechnungen am Dreieck

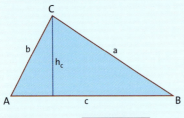

Umfang: $\boxed{U = a + b + c}$

Flächeninhalt: $A = \dfrac{c \cdot h_c}{2}$

$a = 9\,\text{cm}; b = 5,5\,\text{cm}; c = 10\,\text{cm}; h_c = 5\,\text{cm}$

$U = a + b + c$
$U = 9\,\text{cm} + 5,5\,\text{cm} + 10\,\text{cm} = \textbf{24,5\,cm}$

$A = \dfrac{c \cdot h_c}{2}$

$A = \dfrac{10\,\text{cm} \cdot 5\,\text{cm}}{2} = \textbf{25\,cm}^2$

Berechnungen am Viereck

Quadrat

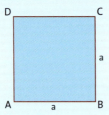

Umfang: $\boxed{U = 4 \cdot a}$

Flächeninhalt: $A = a^2$

$a = 17,3\,\text{dm}$

$U = 4 \cdot a$
$U = 4 \cdot 17,3\,\text{dm} = \textbf{69,2\,dm}$

$A = a^2$
$A = (17,3\,\text{dm})^2 = \textbf{299,29\,dm}^2$

Rechteck

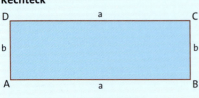

Umfang: $\boxed{U = 2a + 2b}$

Flächeninhalt: $A = a \cdot b$

$a = 12,5\,\text{mm}; b = 9\,\text{cm}\ (= 90\,\text{mm})$

$U = 2a + 2b$
$U = 2 \cdot 12,5\,\text{mm} + 2 \cdot 90\,\text{mm} = 205\,\text{mm}$
$\quad = \textbf{20,5\,cm}$

$A = a \cdot b$
$A = 12,5\,\text{mm} \cdot 90\,\text{mm} = \textbf{1125\,mm}^2$
$\quad = \textbf{11,25\,cm}^2$

Parallelogramm

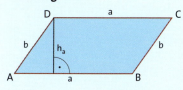

Umfang: $\boxed{U = 2a + 2b}$

Flächeninhalt: $A = a \cdot h_a$

$a = 8{,}7\,\text{cm}; b = 5{,}2\,\text{cm}; h_a = 4\,\text{cm}$

$U = 2a + 2b$
$U = 2 \cdot 8{,}7\,\text{cm} + 2 \cdot 5{,}2\,\text{cm} = \textbf{27{,}8\,cm}$

$A = a \cdot h_a$
$A = 8{,}7 \cdot 4\,\text{cm}^2 = \textbf{34{,}8\,cm}^2$

Trapez

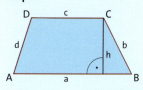

Umfang: $\boxed{U = a + b + c + d}$

Flächeninhalt: $A = \frac{a+c}{2} \cdot h$

Beachte: Für a und c setzt man immer die Längen der parallelen Seiten ein.

$a = 8\,\text{cm}; b = 4{,}5\,\text{cm}; c = 4{,}5\,\text{cm};$
$d = 3{,}5\,\text{cm}; h = 3{,}5\,\text{cm}$

$U = a + b + c + d$
$U = 8\,\text{cm} + 4{,}5\,\text{cm} + 4{,}5\,\text{cm} + 3{,}5\,\text{cm}$
$\quad = \textbf{20{,}5\,cm}$

$A = \frac{a+c}{2} \cdot h$
$A = \frac{8+4{,}5}{2} \cdot 3{,}5\,\text{cm}^2 = 21{,}875\,\text{cm}^2$

Drachenviereck/Raute

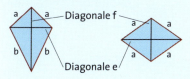

Umfang: $\boxed{U = 2a + 2b}$ $\boxed{U = 4a}$

Flächeninhalt: $A = \frac{1}{2} \cdot e \cdot f$

Drachenviereck:
$a = 2{,}7\,\text{cm}; b = 5\,\text{cm}; e = 4{,}1\,\text{cm}; f = 6{,}5\,\text{cm}$

$U = 2a + 2b$
$U = 2 \cdot 2{,}7\,\text{cm} + 2 \cdot 5\,\text{cm} = 15{,}4\,\text{cm}$

$A = \frac{1}{2} e \cdot f$
$A = \frac{1}{2} \cdot 4{,}1 \cdot 6{,}5\,\text{cm}^2 = 13{,}325\,\text{cm}^2$

Vielecke

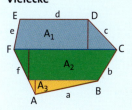

Umfang: $\boxed{U = a + b + c + d + e + f}$

Flächeninhalt: $A = A_1 + A_2 + A_3$

Der Umfang des Vielecks ist die Summe der einzelnen Seitenlängen.

Zur Berechnung des Flächeninhaltes ist es oft notwendig, das Vieleck in Teilflächen zu zerlegen, deren Flächeninhalte man berechnet und anschließend addiert.

WISSEN

ÜBUNG 17 Berechne in deinem Heft die fehlenden Größen des Rechteckes und vervollständige anschließend die Tabelle.

Umfang U			3,86 m	2348 mm
Flächeninhalt A	80 cm²	810 dm²		
Seitenlänge a	10 cm		12,8 dm	
Seitenlänge b		27 dm		21,8 cm

 ÜBUNG 18 Zeichne ein Koordinatensystem in dein Heft (1 Einheit ≙ 1 Kästchen). Trage anschließend die unten angegebenen Punkte ein und verbinde sie jeweils zu einem Parallelogramm. Zur Berechnung des jeweiligen Umfangs und des Flächeninhalts entnimm die Längen deiner Zeichnung. Denke daran, dass du zur Berechnung des Flächeninhalts die Höhe des Parallelogramms brauchst.

a) A (2|2); B (5|2); C (8|7); D (5|7)   b) A (0|2); B (6|2); C (8|10); D (2|10)

 ÜBUNG 19 Berechne für jedes Quadrat die Seitenlänge und den Umfang bei gegebenem Flächeninhalt A. Schreibe in dein Übungsheft.

a) A = 49 cm²   b) A = 144 cm²   c) A = 225 dm²   d) A = 42,25 mm²

 ÜBUNG 20 Miss die erforderlichen Maße aus, trage die Höhe in die Zeichnung ein und berechne anschließend Umfang und Flächeninhalt des Dreiecks. Schreibe in dein Übungsheft.

 ÜBUNG 21 Betrachte die Zeichnung. Berechne in deinem Übungsheft die fehlenden Größen der Trapeze. Übertrage die Ergebnisse in die Tabelle.

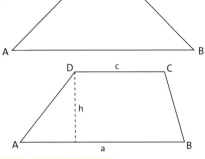

Flächeninhalt A		35 cm²	10,6 m²
Höhe h	16,8 cm		1,6 m
Seitenlänge a	22,6 cm	3 cm	
Seitenlänge c	12,4 cm	2 cm	2,25 m

ÜBUNG 22 Betrachte nebenstehende Figur.

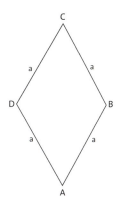

a) Trage die Diagonalen ein. Entnimm
   alle notwendigen Maße der Zeichnung.
b) Berechne anschließend den Flächeninhalt.
c) Berechne den Umfang der Raute.

ÜBUNG 23 Zeichne ein Koordinatensystem in dein Übungsheft (1 Einheit ≙ 1 Kästchen)
und trage die Punkte A, B, C und D ein. Verbinde sie jeweils zu einem Viereck. Berechne jeweils
Umfang und Flächeninhalt der Vierecke. Überlege, welche Längen dir noch zur Berechnung
fehlen. Trage diese in die Zeichnungen ein. Entnimm dann alle notwendigen Maße der
Zeichnung.

a) A (5 | 1); B (9 | 9); C (5 | 12); D (1 | 9)   b) A (5 | 0); B (8 | 2); C (5 | 8); D (2 | 2)

ÜBUNG 24 Betrachte nebenstehende Figur.

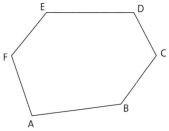

a) Berechne den Flächeninhalt des Sechsecks.
b) Berechne den Umfang des Sechsecks.

Tipps:
1. Schau dir dazu das unregelmäßige Sechseck
   genau an und unterteile es anschließend
   geschickt in Teilflächen, deren Flächeninhalte du berechnen kannst.
2. Trage dann fehlende Höhen ein. Miss alle notwendigen Längen in der Zeichnung aus, die du zur Berechnung des Umfanges und des Flächeninhaltes be-
   nötigst.

ÜBUNG 25 Für den Bau einer Bushaltestelle müssen Joachim und Nicole einen 12 m
breiten Streifen ihres Grundstücks an die Gemeinde verkaufen.

a) Wie viel müsste die Gemeinde an die
   beiden zahlen, wenn sie 69 € pro Quadratmeter berechnen?
b) Nicole möchte lieber ein gleich großes
   Ersatzgrundstück. Die Gemeinde bietet
   ihnen einen flächeninhaltsgleichen
   Streifen im Anschluss an das eigene
   Grundstück an (siehe Skizze). Wie breit
   muss dieses Grundstück sein?

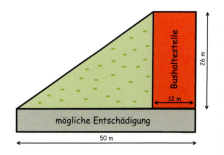

Klassenarbeit 1

 70 Minuten

 AUFGABE 1 Benenne die einzelnen Linien am Kreis.

CD ist eine

a ist eine

b ist eine

c ist eine

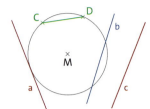

 AUFGABE 2 Berechne die fehlenden Winkelgrößen.

$\alpha = 88°$
$\beta = 75°$

$\gamma =$

$\delta =$

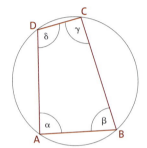

 AUFGABE 3 Betrachte folgende Zeichnung.

a) Um welche Art von Viereck handelt es sich bei dem Viereck $ABCD_1$?
b) Berechne die fehlenden Winkel γ und δ_1.
c) Wie groß sind die fehlenden Winkel δ_2 und δ_3? Begründe deine Antwort.

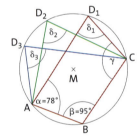

 AUFGABE 4 Um welche Winkelarten handelt es sich?

Winkel	Winkelart
α	
β	
γ	
δ	

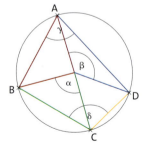

TESTEN

AUFGABE 5 Das Viereck ABCD soll ein Tangentenviereck sein. Wie groß ist die Summe der Seitenlängen a und c, wenn die Summe der Seitenlängen b und d 123 cm beträgt? Begründe deine Antwort.

AUFGABE 6 Berechne die fehlenden Maße eines Kreises.

Flächeninhalt	125 cm²		
Umfang			80 mm
Radius		6 dm	

AUFGABE 7 Manfred hat ein Grundstück in Koblenz gekauft (siehe Skizze).

a =
b = 92 m
c = 197 m
d = 83 m
h = 70 m
A = 14 315 m²

a) Berechne die lange Seite des Grundstückes.
b) Wie viel Meter Zaun muss Manfred kaufen, wenn er das gesamte Grundstück einzäunen möchte?
c) Manfred hat sich einen verzinkten Zaun ausgesucht, der pro laufendem Meter 28,50 € kostet. Wie viel müsste er für diesen Zaun bezahlen?

AUFGABE 8 Konstruiere ein Dreieck mithilfe des Thaleskreises. Die Strecke AB ist 8,5 cm lang, h_a ist 6,6 cm lang und h_b 7,2 cm. (Tipp: Die Höhen h_a und h_b kannst du mithilfe das Thaleskreises konstruieren.)

AUFGABE 9 Katrin macht ihr Praktikum im Kindergarten. Von der Gruppenleitung hat sie den Auftrag bekommen, Dreiecke, Trapeze und symmetrische Drachen für eine Collage auszuschneiden. Sie bekommt folgende Vorgaben: Die Dreiecke sollen jeweils einen Flächeninhalt von 36 cm² haben mit einer Grundseitenlänge von 9 cm. Die Trapeze sollen jeweils einen Flächeninhalt von 30 cm² haben bei einer Höhe von 5 cm. Die symmetrischen Drachen sollen jeweils einen Flächeninhalt von 24 cm² haben, wobei eine Diagonale 4 cm lang sein soll.

a) Zeichne ein Dreieck, ein Trapez und einen Drachen als Vorlage für eine Schablone.
b) Sind die Angaben eindeutig oder lassen sich für manche Figuren verschiedene Schablonen anfertigen? Wenn ja, für welche?

TESTEN

Klassenarbeit 2

 60 Minuten

 AUFGABE 10 Von einem Parallelogramm sind die Seitenlängen a = 6 cm und b = 4 cm bekannt. Berechne seinen Umfang.

 AUFGABE 11 Welche Aussage trifft auf jedes gleichseitige Dreieck zu?

a) Einer der Winkel hat die Größe 90°.
b) Die Seitenlänge beträgt 4 cm.
c) Alle Winkel haben die Größe 60°.
d) Die drei Höhen sind gleich lang.

 AUFGABE 12 Die Länge eines Rechtecks wird um 4 cm gekürzt, seine Breite wird gleichzeitig um 4 cm verlängert. Welche Aussage trifft zu?

a) Der Umfang wird dadurch um 16 cm größer.
b) Der Umfang verändert sich nicht.
c) Der Umfang verändert sich um 8 cm.
d) Der Umfang wird kleiner.

 AUFGABE 13 Von zwei Dreiecken ist bekannt, dass sie einen gleich großen Flächeninhalt haben. Welche Aussage trifft zu?

a) Mindestens eine Seite muss gleich lang sein.
b) Mindestens eine Höhe muss gleich lang sein.
c) Sie haben gleich große Winkel.
d) Sie können völlig verschieden aussehen.

 AUFGABE 14 Konstruiere an den abgebildeten Kreis eine Tangente, die durch den Punkt P verläuft – und zwar nur mit Zirkel und Lineal, also ohne die besonderen Linien des Geodreieck zu benutzen. Gib eine Konstruktionsbeschreibung an.

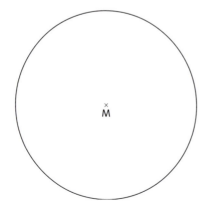

AUFGABE 15 Bei einem Quadrat mit der Seitenlänge x wird eine Seite um 10 % vergrößert, die andere um 10 % verkleinert.

a) Wie verändert sich der Umfang?
b) Wie verändert sich der Flächeninhalt?

AUFGABE 16 Wolfgang besitzt ein Gartengrundstück, das die Form eines rechtwinkligen Dreiecks hat.

a) Konstruiere dieses Dreieck in einem geeigneten Maßstab. Miss die dritte Dreiecksseite
und bestimme die Länge der Höhe h_c.
b) Berechne den Flächeninhalt des Grundstücks.
c) Wegen des trockenen Wetters möchte Wolfgang das Grundstück bewässern. Er sucht
einen Platz für den Rasensprenger, sodass der
sich kreisrund drehende Wasserstrahl jede
Ecke des Grundstücks trifft – auch wenn das
Wasser dabei über die Grundstücksgrenze
hinaus gespritzt wird. Wo muss er den Rasen-
sprenger aufstellen? Welcher besondere Punkt ist das im Dreieck?

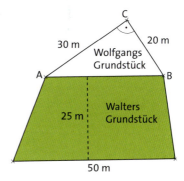

d) Auf welchen Radius muss er den Strahl einstellen?
e) Berechne die Fläche, die der Wasserstrahl auf diese Weise beregnet.
f) Das Grundstück von Nachbar Walter hat die Form eines Trapezes und grenzt
direkt an das von Wolfgang. Wie groß ist Walters Grundstück?
g) Welche Fläche von Walters Grundstück wird nicht bewässert, wenn Wolfgang
seinen Rasensprenger wie in c) einstellt?

TESTEN

Strahlensätze und Ähnlichkeit

7.1 Strahlensätze

Im Folgenden wird immer die nebenstehende Figur (**Strahlensatzfigur**) zugrunde gelegt: Die Geraden g_A und g_B mit dem Schnittpunkt S werden von den beiden parallelen Geraden g_1 und g_2 geschnitten. Die Längenverhältnisse der einzelnen Strecken werden in den Strahlensätzen zusammengefasst.

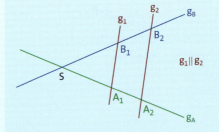

1. Strahlensatz:
Voraussetzung: g_A und g_B schneiden sich; g_1 und g_2 sind parallel zueinander.

Die Abschnitte auf der Geraden g_A verhalten sich wie die entsprechenden Abschnitte auf der Geraden g_B.

$$\frac{\overline{SA_2}}{\overline{SA_1}} = \frac{\overline{SB_2}}{\overline{SB_1}} \text{ und } \frac{\overline{A_1A_2}}{\overline{SA_1}} = \frac{\overline{B_1B_2}}{\overline{SB_1}} \text{ bzw.}$$

$$\frac{a_1 + a_2}{a_1} = \frac{b_1 + b_2}{b_1} \text{ und } \frac{a_2}{a_1} = \frac{b_2}{b_1}$$

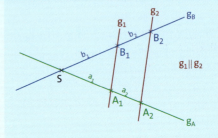

2. Strahlensatz:
Voraussetzung: g_A und g_B schneiden sich; g_1 und g_2 sind parallel zueinander.

Die Abschnitte auf den Parallelen verhalten sich wie die von **S** aus gemessenen entsprechenden Abschnitte auf Geraden g_A bzw. auf der Geraden g_B.

$$\frac{\overline{A_2B_2}}{\overline{A_1B_1}} = \frac{\overline{SA_2}}{\overline{SA_1}} \text{ und } \frac{\overline{A_2B_2}}{\overline{A_1B_1}} = \frac{\overline{SB_2}}{\overline{SB_1}} \text{ bzw.}$$

$$\frac{d}{c} = \frac{a_1 + a_2}{a_1} \text{ und } \frac{d}{c} = \frac{b_1 + b_2}{b_1}$$

Beachte: Die Strahlensätze gelten auch, wenn g_1 und g_2 auf verschiedenen Seiten von S liegen.

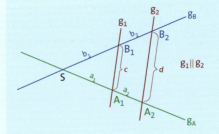

WISSEN

ÜBUNG 1 Fülle die Lücken mithilfe der nebenstehenden Strahlensatzfigur.

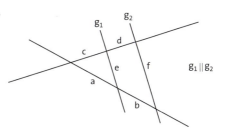

$g_1 \parallel g_2$

a) $\dfrac{a}{\boxed{}} = \dfrac{b}{d}$

b) $\dfrac{f}{e} = \dfrac{\boxed{}}{a}$

c) $\dfrac{\boxed{}}{a} = \dfrac{c+d}{c}$

d) $\dfrac{c}{c+d} = \dfrac{e}{\boxed{}}$

ÜBUNG 2 Schreibe auf, welche Streckenverhältnisse jeweils gleich groß sind.

a) Die Geraden a und b sind parallel zueinander.

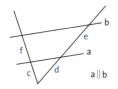

$a \parallel b$

b) Die Geraden g, h und i sind parallel zueinander.

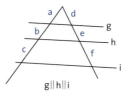

$g \parallel h \parallel i$

ÜBUNG 3 Berechne x.

a)

b)

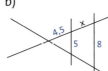

c)

ÜBUNG 4 Berechne jeweils die Längen der fehlenden Strahlenabschnitte in deinem Übungsheft und trage anschließend die Ergebnisse in die Tabelle ein. Orientiere dich an der Zeichnung.

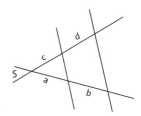

	a	a + b	b	c	c + d	d
a)	5 cm	7 cm		6 cm		
b)			35 dm	45 dm	75 dm	
c)		11 mm	5 mm			8 mm
d)	0,25 m	60 cm			4,5 dm	

ÜBUNG 5 Die Breite eines Sees soll bestimmt werden. Ein Vermessungstechniker hat dazu folgende Skizze angefertigt. Berechne mit den angegebenen Werten die Breite des Sees.

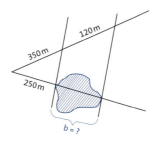

ÜBUNG 6 Die Höhe dünner Platten, die Durchmesser dünner Drähte oder von Kugeln kann man mithilfe einer Messlehre bestimmen. Gib den Durchmesser der Kugel an.

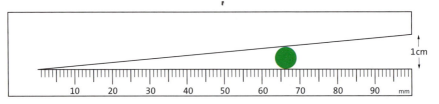

WISSEN

Umkehrsätze zum 1. Strahlensatz

1. Umkehrsatz: Wenn gilt

$$\frac{a_1}{a_1 + a_2} = \frac{b_1}{b_1 + b_2} \text{ bzw. } \frac{a_1}{a_2} = \frac{b_1}{b_2} \text{ und}$$

g_A und g_B schneiden sich, **dann** sind g_1 und g_2 parallel zueinander.

2. Umkehrsatz: Wenn gilt

$$\frac{a_1}{a_1 + a_2} = \frac{b_1}{b_1 + b_2} \text{ bzw. } \frac{a_1}{a_2} = \frac{b_1}{b_2} \text{ und}$$

g_1 und g_2 sind parallel zueinander, **dann** schneiden sich g_A und g_B.

1. Umkehrsatz:

Da $\frac{5}{3} = \frac{7,5}{4,5}$ **und** g und h sich schneiden, sind die beiden Geraden a und b parallel zueinander.

2. Umkehrsatz:

Da $\frac{5}{3} = \frac{7,5}{4,5}$ **und** die beiden Geraden a und b parallel zueinander sind, schneiden sich g und h.

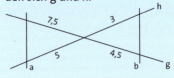

ÜBUNG 7 Prüfe durch Rechnung nach, welche der Geraden a, b und c in der Zeichnung zueinander parallel sind.

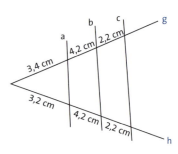

ÜBUNG 8   Udo ist Jäger. Er steht neben einem Baum, der einen Schatten von 8 m wirft. Udo schätzt, dass der Baum ca. 10 m hoch ist. Um rechnerisch herauszubekommen, wie hoch der Baum wirklich ist, misst Udo noch die Länge seines eigenen Schattens. Sie beträgt 1,60 m. Da er seine eigene Größe (1,80 m) kennt, fällt es ihm nicht schwer, die Höhe des Baumes zu bestimmen.

a) Fertige hierzu eine Skizze an.

b) Ist Udos Schätzung gut?

WISSEN

Vervielfachen einer Strecke AB

Ziel: Wir suchen B' mit $\overline{AB'} = n \cdot \overline{AB}$ auf der Halbgeraden g_{AB}, die in A beginnt und durch den Punkt B geht.

1. Trage von A ausgehend n gleich große Strecken auf einer beliebigen in A beginnenden Halbgeraden ab. Erhalte so $C_1, C_2, ..., C_n$.
2. Verbinde C_1 mit B. Erhalte so a_1.
3. Zeichne parallel dazu a_n durch den Punkt C_n. Erhalte so B'.

Beispiel n = 4
Vervierfache die Strecke AB
Suche B' mit $\overline{AB'} = 4 \cdot \overline{AB}$

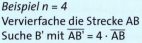

Teilen einer Strecke AB im Verhältnis m:n

Ziel: Wir suchen ein B' mit

$\overline{AB'} = \frac{m}{m+n} \cdot \overline{AB}$ auf der Strecke AB.

1. Trage von A ausgehend m + n gleich große Strecken auf einer beliebigen in A beginnenden Halbgeraden ab. Erhalte so $C_1, C_2, ..., C_{m+n}$.
2. Verbinde C_{m+n} mit B. Erhalte so a_{m+n}.
3. Zeichne parallel dazu a_m durch den Punkt C_m; erhalte so B'.

Beispiel m : n = 3 : 5
Teile AB im Verhältnis 3 : 5
Suche B' mit $\overline{AB'} = \frac{3}{8} \cdot \overline{AB}$

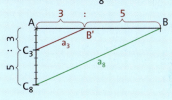

ÜBUNG 9   Verdreifache die Strecke AB mit der Länge 3,7 cm.

ÜBUNG 10   Teile die Strecke AB mit der Länge 14 cm …

a) in 6 gleich große Teile.   b) im Verhältnis 4 : 7.

ÜBUNG 11 Ein Dachgeschoss soll zum Studio ausgebaut werden. Dazu muss in 2,50 m Höhe eine Decke eingezogen werden. Um das nötige Material besorgen zu können, muss der Heimwerker u. a. auch wissen, wie breit die eingezogene Decke werden soll und wie lang die schräge Wand wird.

    a) Ergänze den Tipp um die fehlenden Längen.
    b) Berechne die Breite der eingezogenen Decke.
    c) Berechne die Länge der schrägen Wand.

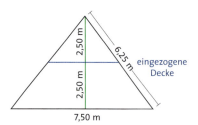
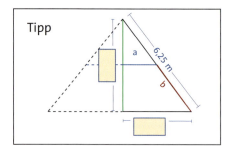

 ÜBUNG 12 Die Klasse 8 c wandert mit ihrer Klassenlehrerin Frau Mika. Sie machen Rast in der Nähe eines Berges. Frau Mika sieht sich den Berg genau an und behauptet schließlich, dass sie dessen Höhe bestimmen kann. Sie erzählt, dass sie in einem alten chinesischen Buch gelesen hat, dass man die Höhe eines Berges bestimmen kann, dessen Fuß unzugänglich ist, indem man nur die Spitze des Berges über zwei gleich große Stäbe anpeilt, die mit einem selbst in einer Linie liegen müssen. Sie fertigt eine Zeichnung dazu an.
Nun braucht sie noch die entsprechenden Werte. Paul und Emma erklären sich sofort bereit zu helfen. Sie fertigen zwei gleich große Stöcke (Peilstäbe) mit einer Länge von 1,5 m an und peilen damit die Felsenspitze an. Nun wird gemessen: Der Abstand der beiden Peilstäbe beträgt 3 m. Paul liegt 0,75 m hinter seinem Peilstab und Emma 50 cm hinter ihrem.

    a) Trage die fehlenden Werte in die Skizze ein.
    b) Berechne die Höhe des Berges.

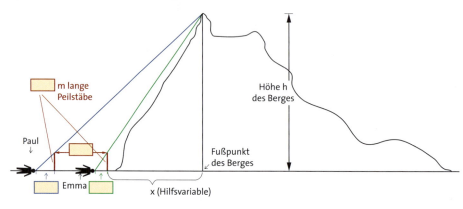

7.2 Ähnlichkeit und zentrische Streckung

Figuren sind **ähnlich,** wenn sie
1. zueinander kongruent sind (in Form und Größe exakt übereinstimmen) oder
2. nur in der Form überstimmen, d.h. sich in der Größe unterscheiden.

Merke: Zwei Figuren sind ähnlich, wenn sie in der Form übereinstimmen.

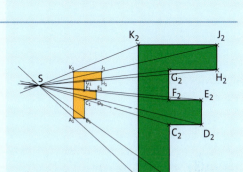

Vergrößern / Verkleinern durch zentrische Streckung mit Streckfaktor k > 0:
Der Streckfaktor **k** gibt an, wie stark vergrößert bzw. verkleinert werden soll:
- k > 1: vergrößern
- k < 1: verkleinern
- k = 1: Größe bleibt erhalten

Um die Originalfigur zu vergrößern bzw. zu verkleinern, wird jeder Punkt P so auf den Punkt P' abgebildet, dass $\overline{SP'} = k \cdot \overline{SP}$.
Markante Bildpunkte (z.B. Ecken) dürfen anschließend zur Bildfigur verbunden werden, da Strecken immer auf Strecken abgebildet werden.

Beachte: Originalpunkt, Bildpunkt und Streckzentrum liegen auf einer Geraden.

Um die gelbe Figur zu vergrößern, werden die Punkte A_1 bis K_1 so abgebildet, dass
$\overline{SA_2} = 3 \cdot \overline{SA_1}$; $\overline{SB_2} = 3 \cdot \overline{SB_1}$ usw.
Daraus ergibt sich die grüne Figur mit den Punkten A_2 bis K_2.

Vergrößern / Verkleinern durch zentrische Streckung mit Streckfaktor k < 0:
- |k| > 1: vergrößern
- |k| < 1: verkleinern
- |k| = 1: Größe bleibt erhalten

Bildfigur und Originalfigur liegen auf unterschiedlichen Seiten des Streckzentrums.
Original-, Bildpunkt und Streckzentrum liegen aber auch hier auf einer Geraden.

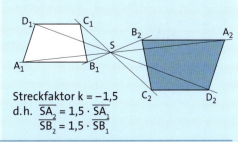

Streckfaktor k = −1,5
d.h. $\overline{SA_2} = 1{,}5 \cdot \overline{SA_1}$
$\overline{SB_2} = 1{,}5 \cdot \overline{SB_1}$

Eine **Ähnlichkeitsabbildung** bildet jede Figur auf eine ähnliche Figur ab.
Für Ähnlichkeitsabbildungen gilt:
- Winkel bleiben erhalten (winkeltreu).
- Längenverhältnisse bleiben erhalten.
- Geraden werden auf parallele Geraden abgebildet (geradentreu).

Jede Abbildung mit diesen drei Eigenschaften ist eine Ähnlichkeitsabbildung.

Die *zentrische Streckung* mit Streckfaktor k ist eine Ähnlichkeitsabbildung: Das Bild eines Winkels ist stets ein gleich großer Winkel; die Längenverhältnisse von Bildfigur und Originalfigur sind identisch; das Bild einer Geraden ist stets eine parallele Gerade.
Der **Flächeninhalt** der Bildfigur ist das k^2-Fache des Flächeninhalts der Originalfigur.

WISSEN

ÜBUNG 13 Kreuze die richtigen Antworten an. Für ähnliche Figuren gilt immer:

☐ a) Alle Seitenlängen verändern sich im gleichen Maße.

☐ b) Entsprechende Seiten sind gleich lang.

☐ c) Entsprechende Seitenlängenverhältnisse sind gleich groß.

☐ d) Flächeninhalte ähnlicher Figuren sind gleich groß.

☐ e) Flächeninhalte ähnlicher Figuren verändern sich im gleichen Maße wie ihre Seitenlängen.

☐ f) Entsprechende Winkel sind gleich groß.

ÜBUNG 14 Die beiden abgebildeten Figuren sind ähnlich. Trage die fehlenden Längenangaben und Winkelmaße ein.

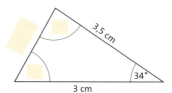

ÜBUNG 15 Übertrage die Figuren in dein Heft und konstruiere jeweils die Bildfigur durch Streckung an Z. Streckfaktor sei k.

a)

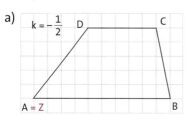

$k = -\frac{1}{2}$

b)

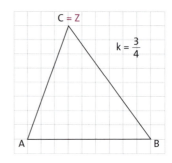

$k = \frac{3}{4}$

ÜBUNG 16 Übertrage den Drachen ABCD in dein Heft und bilde ihn durch zentrische Streckung ab; Streckzentrum sei A und der Streckfaktor sei k = 2,5.

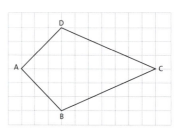

ÜBUNG 17 Schau dir die Zeichnungen genau an. Bestimme dann jeweils den Streckfaktor k.

a)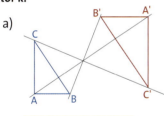

b)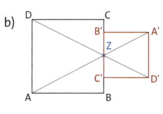

k = _____

k = _____

ÜBUNG 18 Ein Dreieck ABC mit den Seiten a = 7 cm; b = 2,5 cm und c = 6,5 cm wird
zentrisch gestreckt. Im Bilddreieck A'B'C' ist die Seite a' = 3,5 cm lang. Wie lang sind die Seiten
b' und c'?

ÜBUNG 19 Zwei Figuren sind kongruent, wenn sie in Form und Größe übereinstimmen,
d. h. deckungsgleich sind. Vervollständige die folgenden Sätze:

Zwei Figuren sind kongruent, wenn sie ähnlich zueinander sind und

_____, d. h., der Streckfaktor k beträgt k = _____ oder k = _____.

ÜBUNG 20 Ähnlich oder nicht ähnlich?

a) Michi stellt fest, dass zwei beliebige Quadrate zueinander ähnlich sind. Sie bekommt
ein dickes Lob dafür. Begründe, warum Michi
Recht hat.
b) Fabio stellt daraufhin die Behauptung auf,
dass zwei beliebige Dreiecke ebenfalls zueinander ähnlich sind. Michi glaubt
dies nicht; glaubst du Fabio? Begründe deine Antwort.

ÜBUNG 21 Felix wurde als Klassensprecher gewählt.
Um das Ergebnis darzustellen, hat er eine Grafik angefertigt. Was kannst du ablesen? Vermittelt sie grafisch
dasselbe? Begründe deine Antwort.

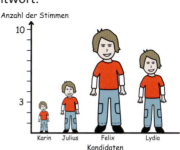

ÜBUNG 22 Tom behauptet: „Wenn ein Rechteck ABCD im Maßstab k vergrößert bzw. verkleinert wird, so ist der Flächeninhalt des neu entstandenen Rechtecks A'B'C'D' das k^2-Fache
des Flächeninhalts des Ausgangsrechtecks ABCD." Hat Tom recht? Begründe deine Antwort.
(Tipp: Fertige eine Skizze an und überlege dir, wie man den Flächeninhalt berechnet.)

ÜBEN

Klassenarbeit 1

 45 Minuten

AUFGABE 1 Schau dir die Figuren ganz genau an. Können die roten Figuren jeweils Bild-figuren der schwarzen (Originale) sein, die durch zentrische Streckung verkleinert bzw. vergrößert werden sollten? Kreuze ja oder nein an. Begründe deine Aussage.

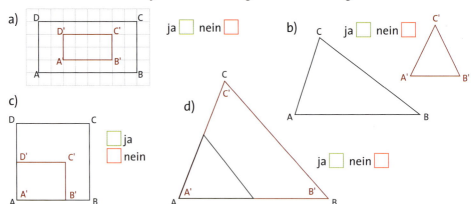

a) ja ☐ nein ☐

b) ja ☐ nein ☐

c) ☐ ja ☐ nein

d) ja ☐ nein ☐

AUFGABE 2 Berechne mithilfe der Strahlen-sätze die fehlenden Längen a und b.

Skizze:

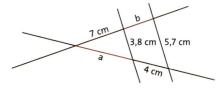

AUFGABE 3 Vergrößere ein Rechteck mit den Seitenlängen a = 3 cm, b = 4,5 cm durch zentrische Streckung mit dem Streckfaktor k = 2,5 und dem Streckzentrum A. Wie groß ist der Flächeninhalt der Originalfigur ABCD, wie groß ist der Flächeninhalt der Bildfigur A'B'C'D'?

AUFGABE 4 Um z. B. den Durchmesser von kleinen Öffnungen zu messen, benutzt man einen Messkeil. Gib den Durchmesser des Zylinders an.

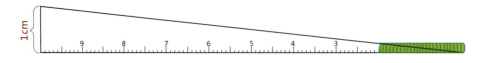

AUFGABE 5 Felix ist sehr pfiffig. Er möchte die Höhe eines Handysendemastes mit einfachen Mitteln bestimmen. Dazu nutzt er die Sonne und die Länge der Schatten aus. Felix steckt direkt neben den Mast einen Stab, der 2 Meter hoch ist. Dann misst er die Schatten von Mast und Stab aus (s. Zeichnung). Berechne mithilfe der Zeichnung die Höhe des Mastes.

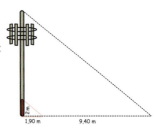

Klassenarbeit 2

60 Minuten

AUFGABE 6 Bestimme jeweils den Streckfaktor.

a)
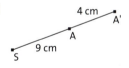
4 cm, A', A, 9 cm, S

b)
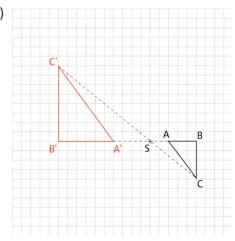

AUFGABE 7 Von einer zentrischen Streckung sind das Streckzentrum S, der Punkt P und sein Bildpunkt P' bekannt.

a) Konstruiere das Bild der Geraden g.
b) Wie liegt g' zu g?
c) Wie groß ist α'?

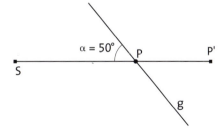

$\alpha = 50°$

AUFGABE 8 Gegeben ist eine Strahlensatzfigur. Ergänze die Verhältnisgleichungen.

a) $\dfrac{\overline{SB'}}{} = \dfrac{}{\overline{SA}}$

b) $\dfrac{\overline{BB'}}{\overline{SB}} = \dfrac{}{}$

c) $\dfrac{\overline{A'B'}}{} = \dfrac{}{\overline{SA}}$

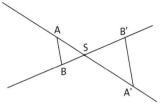

AUFGABE 9 Anna hat ein gleichseitiges Dreieck mit der Seitenlänge 5 cm auf ein Blatt gezeichnet. Anschließend fertigt sie von diesem Blatt mit einem Fotokopierer eine vergrößerte Kopie an, wobei sie einen Zoomfaktor von 150 % einstellt.

a) Wie lang sind die Seitenlängen des Dreiecks auf der vergrößerten Kopie?

b) Um wie viel Prozent vergrößert sich der Flächeninhalt des Dreiecks beim Kopieren?

c) Anna legt nun die vergrößerte Kopie auf den Kopierer. Welchen Zoomfaktor muss sie einstellen, damit eine weitere Kopie wieder die ursprünglichen Maße des Dreiecks aufweist?

 AUFGABE 10 Mit einer Messlehre kann man den Durchmesser von dünnen Gegenständen gut messen. Wie dick ist der Draht in der Abbildung?

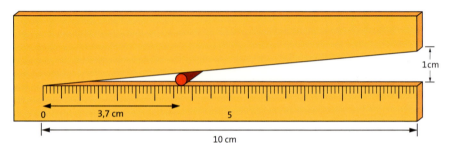

AUFGABE 11 Ein Förster nutzt ein sogenanntes „Försterdreieck", um die Höhe eines Baumes zu bestimmen. Dabei handelt es sich um ein rechtwinklig-gleichschenkliges Dreieck aus Holz, das der Förster waagerecht in Augenhöhe hält. Wenn er die Baumspitze genau über die Grundseite des Dreiecks anpeilen kann, misst er seine eigene Entfernung zum Baum und kann so die Höhe des Baumes bestimmen. (Hinweis: Die Abbildung ist nicht maßstabsgetreu.)

a) Verwende die Angaben aus der Abbildung und bestimme die Höhe des Baumes. Verwende die Variable s für die Schenkellänge des Försterdreiecks. (Tipp: Eine Skizze hilft dir.)

b) Der Förster hat in seiner Ausbildung gelernt:
„Höhe = Augenhöhe + Entfernung".
Begründe, wieso diese Formel gilt.

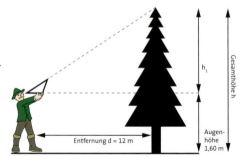

Prismen und Zylinder

8.1 Volumenberechnung

Eigenschaften

Gerade Prismen und Zylinder sind geometrische **Körper** mit den folgenden Eigenschaften:

Ein gerades Prisma wird begrenzt von
▨ einer **Grund-** und einer **Deckfläche**, die zueinander parallele und kongruente (deckungsgleiche) n-Eck-Flächen sind, und
▨ einer **Mantelfläche**, die aus n Rechtecken (den Seitenflächen) besteht.

Der Abstand zwischen Grund- und Deckfläche heißt **Höhe h** des Prismas.

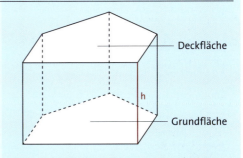

Deckfläche

Grundfläche

Ein **gerader Zylinder** wird begrenzt von
▨ zwei zueinander parallelen und kongruenten (deckungsgleichen) Kreisflächen (Grund- und Deckfläche) und
▨ einer gekrümmten Mantelfläche, die abgerollt ein Rechteck ergibt.

Der Abstand zwischen Grund- und Deckfläche heißt **Höhe h** des Zylinders.

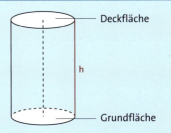

Deckfläche

Grundfläche

Volumen

Das **Volumen** (Rauminhalt) eines solchen Körpers berechnest du als Produkt aus Grundflächeninhalt A_G und Höhe h:

$V = A_G \cdot h$

Merke: Flächeninhalt von Deckfläche und Grundfläche bezeichnet man beide mit A_G, da die beiden Flächen gleich groß sind!

Das *Volumen (Rauminhalt)* eines Körpers gibt an, wie viel Inhalt ein Körper fassen kann (z. B. als Gefäß) bzw. wie viel Raum der Körper einnimmt (z. B. beim Eintauchen in Wasser).

Würfel

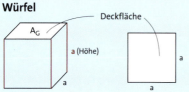

$V = A_G \cdot h$

$V = a^3$

$A_G = a^2$

$V = a^3$

$a = 2\,m$

$V = (2\,m)^3 = 8\,m^3$

Quader

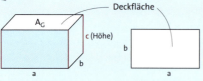

$V = A_G \cdot h$

$V = a \cdot b \cdot c$

$A_G = a \cdot b$

$V = a \cdot b \cdot c$

$a = 5,3\,m; b = 2,5\,m; c = 3,8\,m$

$V = 5,3\,m \cdot 2,5\,m \cdot 3,8\,m = 50,35\,m^3$

Dreieckprisma

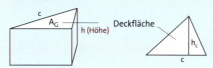

$V = A_G \cdot h$

$V = \dfrac{c \cdot h_c}{2} \cdot h$

$A_G = \dfrac{c \cdot h_c}{2}$

$V = \dfrac{c \cdot h_c}{2} \cdot h$

$h = 12,5\,cm; c = 14\,cm; h_c = 7,3\,cm$

$V = \dfrac{14\,cm \cdot 7,3\,cm}{2} \cdot 12,5\,cm = 638,75\,cm^3$

Sechseckprisma

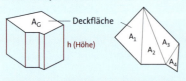

$V = A_G \cdot h$

$V = (A_1 + A_2 + A_3 + A_4) \cdot h$

$A_G = A_1 + A_2 + A_3 + A_4$

$V = (A_1 + A_2 + A_3 + A_4) \cdot h$

$A_1 = 15,3\,m^2; A_2 = 9,8\,m^2; A_3 = 10,2\,m^2;$
$A_4 = 6\,m^2; h = 6\,m$

$V = (15,3\,m^2 + 9,8\,m^2 + 10,2\,m^2 + 6\,m^2) \cdot 6\,m$

$V = 247,8\,m^3$

Zylinder

$V = A_G \cdot h$

$V = \pi \cdot r^2 \cdot h$

$A_G = \pi \cdot r^2$

$V = \pi \cdot r^2 \cdot h$

$r = 4,7\,dm; h = 83\,cm \approx 8,3\,dm$

$V = \pi \cdot (4,7\,dm)^2 \cdot 8,3\,dm \approx 575,7\,dm^3$

Merke: $\pi \approx 3,14$

WISSEN

ÜBUNG 1   Welche Körper sind keine Prismen?

a)   b)   c) 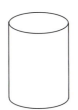   d)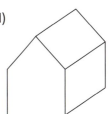

ÜBUNG 2   Lena behauptet: „Jeder Quader ist ein Prisma!" Hat sie recht? Begründe deine Antwort.

ÜBUNG 3   Erkennst du die Prismen? Male jeweils die Grundfläche orange an und kennzeichne die Höhe rot.

a)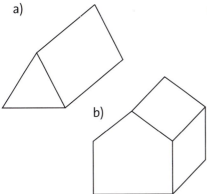

b)

c)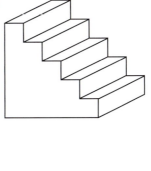

d)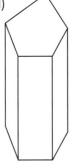

ÜBUNG 4   Berechne die Volumen der beiden Würfel.

a) a = 3,9 cm

$V = a^3$

=

=

b) a = 7,3 mm

V =

=

=

ÜBUNG 5   Berechne die Volumen der beiden Quader.

a) a = 4,2 cm; b = 8,1 cm; c = 7,4 cm

$V = a \cdot b \cdot c$

=

=

b) a = 9,4 mm; b = 4,5 mm; c = 0,4 cm

V =

=

=

ÜBEN

ÜBUNG 6 Berechne die Volumen der beiden Zylinder.

a) $r = 7,3\,\text{mm}$; $h = 10,5\,\text{mm}$ | b) $r = 9,2\,\text{dm} = \text{cm}$; $h = 66\,\text{cm}$

$V = \pi \cdot r^2 \cdot h$ | $V =$

$\quad =$ | $\quad =$

$\quad =$ | $\quad =$

 ÜBUNG 7 Berechne das Volumen des folgenden Dreieckprismas.

$a = 3\,\text{cm}$; $b = 4\,\text{cm}$; $h = 4,5\,\text{cm}$
Wir kennen eine Dreieckshöhe: $h_b = a$
Volumenberechnung:

$V = \dfrac{b \cdot a}{2} \cdot h$

$V =$

$\quad =$

$\quad =$

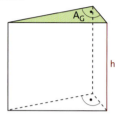

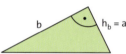

 ÜBUNG 8 Berechne das Volumen des folgenden Sechseckprismas.

$V = A_G \cdot h$ mit $A_G = A_1 + A_2$

$V = (A_1 + A_2) \cdot h$

$\quad =$

$\quad =$

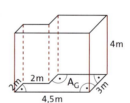

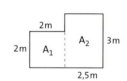

 ÜBUNG 9 Berechne die Volumen der folgenden Körper in deinem Heft. Achte dabei auf die angegebenen Einheiten! (Die Abbildungen sind nicht maßstabgetreu.)

a)

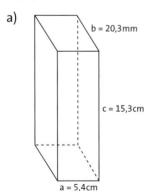

b)

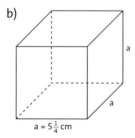

c)

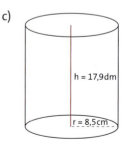

ÜBUNG 10 Betrachte den folgenden zusammengesetzten Körper.

a) Male die Grundfläche an.
b) Markiere die Körperhöhe rot.
c) Fertige in deinem Heft eine Skizze
   der Grundfläche an.
d) Berechne in deinem Heft das
   Volumen des Prismas.

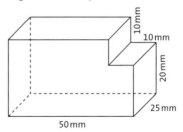

ÜBUNG 11 Betrachte den folgenden zusammengesetzten Körper.

a) Male die Grundfläche an.
b) Markiere die Körperhöhe rot.
c) Fertige in deinem Heft eine Skizze
   der Grundfläche an.
d) Berechne in deinem Heft das Volumen
   des Prismas.

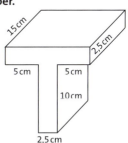

ÜBUNG 12 Ein quaderförmiges Gefäß hat ein Volumen von 3600 cm³. Die Grundfläche hat
die Maße 8 cm und 15 cm. Wie hoch ist dieser Behälter? (Tipp: Fertige zunächst eine Skizze an.)

ÜBUNG 13 Betrachte den folgenden zusammengesetzten Körper.

a) Male die Grundfläche an.
b) Markiere die Körperhöhe rot.
c) Fertige in deinem Heft eine Skizze
   der Grundfläche an.
d) Berechne in deinem Heft das Volumen
   des Prismas.

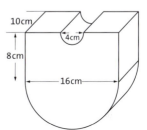

ÜBUNG 14 Die Futterkrippe im Stall von Bauer Poor hat eine
Seitenfläche mit den nebenstehenden Maßen und ist 6,50 m lang.
Wie viel Kubikmeter Kraftfutter kann sie fassen, wenn sie gestrichen
voll ist? (Vorsicht: Die Abbildung ist nicht maßstabgetreu!)

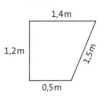

ÜBUNG 15 Eine zylinderförmige Zuckerdose ist noch zu einem Drittel voll. Der Durchmesser der Zuckerdose beträgt 4 cm, die Höhe 6 cm. Wie viele Löffel Zucker kann Mathias
noch entnehmen, wenn ein Löffel etwa 2 cm³ fasst? (Tipp: Fertige zunächst eine Skizze an und
ergänze diese mit den angegebenen Daten.)

8.2 Oberflächeninhalt und Netze

Faltet man einen Körper auseinander, so erhält man ein **Netz**.

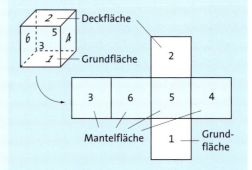

Die **Oberfläche** setzt sich zusammen aus Grund-, Deck- und Mantelfläche.
Die **Mantelfläche** besteht aus allen Seitenflächen.
Da Grund- und Deckfläche gleich groß sind, gilt:

$$A_O = 2 \cdot A_G + A_M$$

Oberflächeninhalt des Würfels:
$$A_O = 2 \cdot A_G + A_M$$
mit $A_G = a^2$; $A_M = 4 \cdot a^2$

also: $A_O = 6a^2$

Beachte: Der Würfel hat 6 gleiche Begrenzungsflächen!

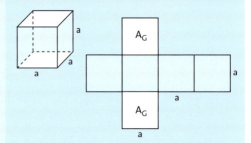

Oberflächeninhalt des Dreieckprismas:
$$A_O = 2 \cdot A_G + A_M$$
mit $A_G = \dfrac{c \cdot h_c}{2}$; $U_G = (a + b + c)$; $A_M = U_G \cdot h$

also: $A_O = c \cdot h_c + (a + b + c) \cdot h$

Beachte: Die Seiten des Netzes, die beim Zusammenfalten aufeinanderstoßen, sind gleich groß!

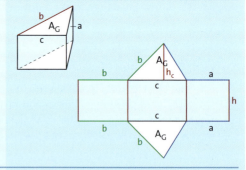

Oberflächeninhalt des Zylinders:
$$A_O = 2 \cdot A_G + A_M$$
mit $A_G = \pi \cdot r^2$; $U_G = 2 \cdot \pi \cdot r$; $A_M = U_G \cdot h$

also: $A_O = 2 \cdot \pi \cdot r \cdot (r + h)$

Beachte: Die Länge des Rechtecks entspricht dem Kreisumfang!

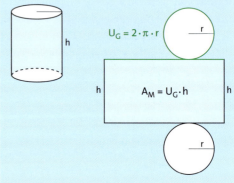

ÜBUNG 16 Betrachte die folgenden Figuren.

a) Welche der Figuren sind Netze von Prismen? Kreuze diese an.
b) Welche Körper lassen sich aus den dargestellten Netzen bauen? Notiere jeden Körpernamen zu dem entsprechenden Netz in deinem Heft.
c) Male jeweils die Grundfläche orange und die Mantelfläche blau aus.
d) Wie heißen die Grundflächen der Körper? Schreibe die Namen jeweils unter den Körpernamen.

I.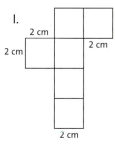

II.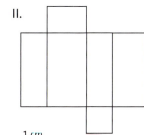

III.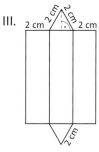

IV.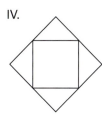

V.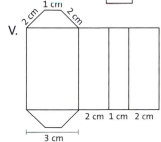

VI.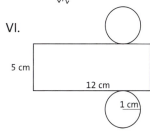

WISSEN

Zur Erinnerung: Flächeninhalt A und Umfang U von Flächen

    $A = a \cdot b$ $U = 2 \cdot a + 2 \cdot b$

    $A = \dfrac{c \cdot h_c}{2}$ $U = a + b + c$

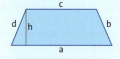 $A = \dfrac{a + c}{2} \cdot h$ $U = a + b + c + d$

    $A = \pi \cdot r^2$ $U = 2 \cdot \pi \cdot r$

ÜBEN

ÜBUNG 17 Eine Litfaßsäule hat einen Durchmesser von 1,9 m und eine Höhe von 2,9 m. Der Sockel von 40 cm Höhe soll nicht beklebt werden. Wie groß ist die zur Verfügung stehende Anschlagfläche? (Vorsicht: Die Abbildung ist nicht maßstabsgetreu!)

 ÜBUNG 18 Die Grundfläche eines 4 cm hohen Kreiszylinders hat einen Umfang von 6,4 cm. Zeichne den Mantel dieses Zylinders.

 ÜBUNG 19 Felix will ein Vogelhaus basteln. Die Planskizze ist nebenstehend abgebildet. Wie viele Quadratzentimeter Holz verbraucht Felix, wenn er dieses Vogelhaus bastelt? Achte darauf, dass die Vögel auch hineinfliegen können! (Vorsicht: Die Abbildung ist nicht maßstabsgetreu!)

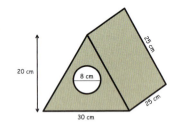

 ÜBUNG 20 Familie Poor lässt von der Schreinerin Frau Winniker eine Holzkiste anfertigen, um das Kaminholz darin unterzubringen. Wie viele Quadratmeter Holz benötigt die Schreinerin zum Bau der Kiste? (Vorsicht: Die Abbildung ist nicht maßstabsgetreu!)

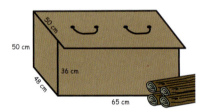

ÜBUNG 21 Diese Schokolade wird in einer ganz besonderen Verpackung verkauft. Wie viele Quadratzentimeter Karton benötigt man für die Herstellung der Verpackung? (Vorsicht: Die Abbildung ist nicht maßstabsgetreu!)

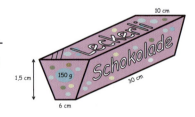

 ÜBUNG 22 Ein Blumenkübel hat die Maße wie in der Abbildung. Wie viele Quadratmeter Kunststoff wurden zum Bau des Kastens benötigt? Wie viele Quadratdezimeter Blumenerde fasst der Kübel, wenn er randvoll gefüllt wird? (Vorsicht: Die Abbildung ist nicht maßstabsgetreu!)

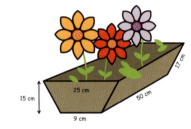

8.3 Schrägbilder

Eigenschaften von Schrägbildern

Ein Körper hat drei räumliche Dimensionen: die **Länge**, die **Breite (Tiefe)** und die **Höhe**. Die Tiefenkanten (schräg nach hinten verlaufend) erzeugen bei zeichnerischen Darstellungen einen räumlichen Eindruck. Eine solche Zeichnung heißt **Schrägbild**.

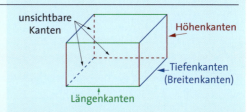

Zeichnen von Schrägbildern

■ Tiefenkanten werden in halber Länge und in einem Winkel von 45° dargestellt.
■ Verdeckte Kanten werden gestrichelt.
■ Längen- und Höhenkanten werden in Originallänge gezeichnet.

Merke: Schrägbilder von liegenden Körpern lassen sich oft leichter zeichnen als Schrägbilder von stehenden Körpern.

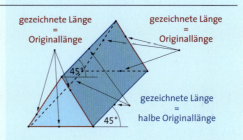

Beachte die folgende Reihenfolge der Arbeitsschritte:
1. Zeichne die **Vorderfläche (Grundfläche)** in Originalgröße (oder einem geeigneten Maßstab).

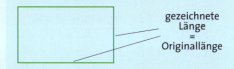

2. Zeichne die **Tiefenkanten** (schräg nach hinten verlaufende Kanten), indem du
■ an den Ecken jeweils eine 45°-Linie anzeichnest und
■ an diesen Linien die Tiefenkanten des Körpers um die Hälfte verkürzt abträgst. Denke daran, die verdeckten Kanten gestrichelt zu zeichnen.

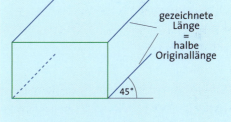

3. Zeichne die **Rückfläche (Deckfläche)** des Körpers, indem du die Kanten zum vollständigen Schrägbild ergänzt. Beachte auch hier, dass verdeckte Kanten gestrichelt dargestellt werden.

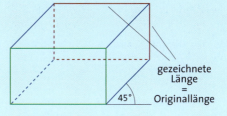

WISSEN

ÜBUNG 23 Zeichne in die nebenstehende Abbildung.

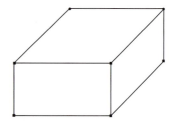

a) Male die Grundfläche orange an.
b) Markiere die um die Hälfte verkürzt gezeichneten Kanten rot.
c) Kennzeichne einen 45°-Winkel.
e) Trage die unsichtbaren Linien gestrichelt ein.

 ÜBUNG 24 Zeichne die Prismen in Originalgröße in dein Übungsheft. Beginne jeweils mit der Grundfläche.

a)
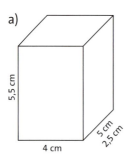

b)
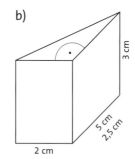

c)
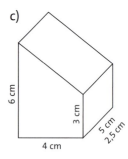

 ÜBUNG 25 Zeichne das Schrägbild eines Quaders mit den folgenden Maßen in dein Übungsheft: a = 4,5 cm; b = 8 cm; c = 5 cm.

 ÜBUNG 26 Ergänze so, dass das Schrägbild eines Prismas entsteht.

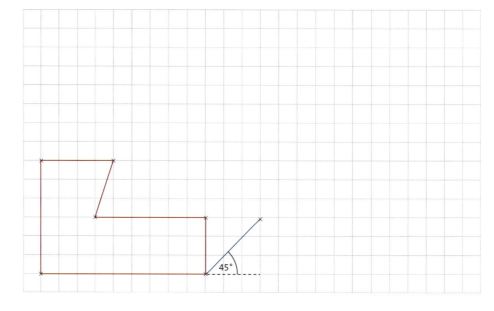

Klassenarbeit 1

⏱ **45 Minuten**

AUFGABE 1 Berechne das Volumen ...

a) eines Würfels mit a = 5 cm.
b) eines Quaders mit a = 3,5 cm und b = 4 cm und c = 5,5 cm.
c) eines Zylinders mit r = 2 cm und h = 6,5 cm.

AUFGABE 2 Berechne den Oberflächeninhalt folgender Kreiszylinder.

a) r = 18 cm und h = 5,9 cm
b) d = 2,3 cm und h = 7,5 cm

AUFGABE 3 Betrache die Abbildung.

a) Berechne das Volumen des „umbauten Raums" dieses Hauses.
b) Berechne die voraussichtlichen Baukosten, wenn der Architekt pro Kubikmeter umbauten Raums 290 € plus 19 % Mehrwertsteuer veranschlagt.

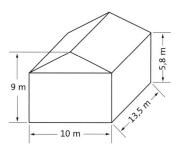

AUFGABE 4 Ein zylinderförmiger Wassertank zum Auffangen des Regenwassers soll außen rundum (ohne Boden und ohne Deckel) neu lackiert werden. Der Durchmesser der Grundfläche beträgt 1,6 m und die Höhe 3 m. Wie viele Dosen Lack benötigt man, wenn eine Dose für 6 m² reicht? Fertige hierzu eine Skizze an.

AUFGABE 5 Zeichne das Schrägbild des abgebildeten Körpers und berechne anschließend sein Volumen.

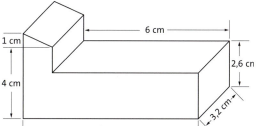

AUFGABE 6 Ein 20 cm langer Dreikantstab aus Eisen hat folgende Grundflächenmaße: c = 24 mm und h_c = 20,8 mm. Wie schwer ist der Stab? (Hinweis: Die Dichte von Eisen beträgt $\rho = 7,8 \frac{g}{cm^3}$.)

Klassenarbeit 2

 60 Minuten

 AUFGABE 7 In den folgenden Termen sei x die Kantenlänge eines Würfels.

$4x$ $4x^2$ $6x^2$ x^3 x^2 $12x$ $8x$

Mit welchem dieser Terme berechnet man …

a) das Volumen des Würfels?

b) den Flächeninhalt einer Seite des Würfels?

c) die Oberfläche des Würfels?

d) die Summe aller Würfelkanten?

 AUFGABE 8 Ein Bastler schneidet ein quadratisches Blatt Papier mit Seitenlänge 24 cm in zwei gleich große Rechtecke.

a) Das obere Rechteck biegt er zum Mantel eines 12 cm hohen Kreiszylinders. Zeige, dass der Zylinderradius $r \approx 3{,}8$ cm ist, und berechne das Zylindervolumen.

b) Aus dem unteren Rechteck schneidet er den abgebildeten Halbkreis aus. Wie viel Papierabfall bleibt übrig?

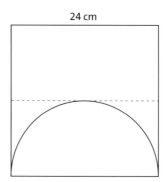

24 cm

 AUFGABE 9 Das Becken eines Schwimmbades hat einen rechteckigen Grundriss mit der Länge 20 m und der Breite 8 m. Der Boden fällt von der einen schmalen Seite zur anderen hin gleichmäßig schräg ab, so dass das Becken an der einen Seite 1 m und an der anderen 3 m tief ist. Wie viel Liter Wasser enthält das Becken, wenn es zu 80 % gefüllt ist?

TESTEN

AUFGABE 10 Um bei der Arbeit auch ohne Taschenrechner schnell den Umfang kreisrunder Objekte zu berechnen, benutzen manche Handwerker die Faustformel: „Umfang gleich Durchmesser mal 3 plus 5 Prozent."

   a) Berechne mit dieser Faustformel den Umfang eines Rohres mit 10 cm Außendurchmesser.

   b) Berechne den Umfang exakt mit dem Taschenrechner. Runde auf zwei Dezimalstellen.

   c) Um wie viel Prozent weicht das Ergebnis aus a) von dem exakten aus b) ab?

   d) Welcher Näherungswert für π wird bei der Faustformel verwendet?

AUFGABE 11 Ein moderner Fensterschmuck, bei dem getöntes Glas von einem Metallrahmen umfasst ist, soll die in der Abbildung gezeigte Form haben.

   a) Berechne den Inhalt der benötigten Glasfläche.

   b) Welche Länge hat der metallene Rahmen?

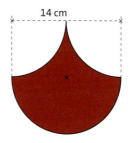

AUFGABE 12 Ein Vorratsspeicher hat die Form des in der Abbildung gezeigten Prismas. Die Grundfläche wird durch den grauen Bereich wiedergegeben.

   a) Berechne die Grundfläche für $a = 2$ m.

   b) Berechne das Fassungsvermögen des Speichers.

   c) Das Innere des oben offenen Speichers soll mit einem Schutzanstrich versehen werden. Ein Quadratmeter dieses Belags kostet 2,50 €. Welche Kosten entstehen dadurch?

   d) Wie muss a in der Produktion gewählt werden, damit ein solcher Speicher 100 m³ Fassungsvermögen hat?

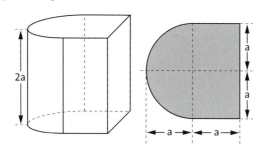

TESTEN

Zufallsversuche und Wahrscheinlichkeiten

9.1 Rechnen mit Wahrscheinlichkeiten

Ein **Zufallsexperiment** ist ein beliebig oft wiederholbarer Vorgang mit ungewissem Ausgang (Ergebnis).

Beachte: Bei jeder Durchführung eines Zufallsexperimentes tritt genau ein **Ergebnis** ein.

Ein **Ereignis** ist die Zusammenfassung bestimmter (günstiger) Ergebnisse.

Werfen eines Würfels
Dieses Experiment ist beliebig oft durchführbar. Es ist ungewiss, ob eine 1, 2, 3, 4, 5 oder eine 6 geworfen wird. Bei jeder Durchführung dieses Zufallsexperimentes tritt genau ein Ergebnis ein.

Das *Ereignis*, eine gerade Zahl zu würfeln, ist die *Zusammenfassung der günstigen Ergebnisse:*

Ein Ereignis, das nie eintritt, heißt **unmögliches Ereignis**.

Das Würfeln einer 7 ist ein *unmögliches Ereignis*, da der Würfel nur die Augenzahlen 1 bis 6 besitzt.

Ein Ereignis, das bei jeder Durchführung des Experiments eintreten muss, heißt **sicheres Ereignis**.

Das Würfeln einer 1, 2, 3, 4, 5 oder 6 ist ein *sicheres Ereignis*.

Ein **Laplace-Versuch** ist ein Versuch, bei dem alle Ergebnisse die gleiche Wahrscheinlichkeit haben.
Sind alle Ergebnisse gleich wahrscheinlich, dann ist die **Wahrscheinlichkeit P** für das Eintreten eines **Ereignisses E**:

$$P(E) = \frac{\text{Anzahl der für E günstigen Ergebnisse}}{\text{Anzahl aller möglichen Ergebnisse}}$$

Das *Würfeln mit einem Würfel* ist ein Laplace-Experiment:
Ereignis E: *„Würfeln einer geraden Zahl"*

Es gibt insgesamt 6 Ergebnisse:

Es gibt insgesamt 3 günstige Ergebnisse:

Die Wahrscheinlichkeit P, eine gerade Augenzahl zu würfeln, beträgt: $P(E) = \frac{3}{6} = \frac{1}{2}$.

WISSEN

Der Zufall hat kein Gedächtnis

Der Zufall „merkt" sich die zufälligen Ergebnisse aus vorangegangenen Versuchen nicht, er sorgt nicht für eine gerechte Gleichverteilung der Ergebnisse.

Werfen eines Würfels: Bei den ersten sechs Würfen fiel keine 6. Die Wahrscheinlichkeit, dass beim siebten Wurf eine 6 gewürfelt wird, beträgt immer noch $\frac{1}{6}$.

ÜBUNG 1   Auf der Kirmes gibt es Losverkäufer, die damit werben, dass jedes zweite Los gewinnt. Kreuze die richtigen Antworten an.

- [ ]   a) Die Hälfte aller Lose sind Gewinne.

- [ ]   b) Die Wahrscheinlichkeit, dass das Los ein Gewinn ist, beträgt 50 % = 0,5 = $\frac{1}{2}$.

- [ ]   c) Wenn ich zwei Lose kaufe, so muss ein Los davon ein Gewinn sein.

- [ ]   d) Kaufe ich mir 100 Lose, so sind genau 50 Gewinne dabei.

- [ ]   e) Kaufe ich mir 100 Lose, so sind schätzungsweise 50 Gewinne dabei.

- [ ]   f) Nachdem ich nun 95 Nieten geöffnet habe, muss sich unter den anderen 5 mindestens ein Gewinn befinden.

ÜBUNG 2   Der Losverkäufer hat 1000 Lose, darunter sind 10 Hauptgewinne, 490 Trostpreise (dies sind insgesamt 500 Gewinne) und 500 Nieten. Berechne die Wahrscheinlichkeiten für folgende Ereignisse. Fülle die Tabelle aus.

Ereignis	Wahrscheinlichkeit P(Ereignis)
A: Ich kaufe ein Los und es ist ein Hauptgewinn.	$P(A) = \frac{10}{1000} = 0{,}01 = 1\%$
B: Ich kaufe ein Los und es ist ein Trostpreis.	
C: Ich kaufe ein Los und es ist eine Niete.	
D: Ich kaufe ein Los und es ist eine Niete oder ein Gewinn.	
E: Ich kaufe ein Los und es ist ein Gewinn.	

ÜBUNG 3   Playmore, ein MP3-Player-Hersteller, behauptet, dass nur 1 % seiner Produkte Fehler aufweisen. Der Mino-Markt hat davon 150 Stück verkauft. 19 Stück mussten aber wieder zurückgenommen werden, weil diese fehlerhaft waren. Glaubst du der Behauptung des Herstellers Playmore? Begründe deine Antwort.

ÜBEN

9.2 Mehrstufige Zufallsversuche

Führt man mehrere Zufallsexperimente gleichzeitig oder nacheinander aus, so spricht man von einem mehrstufigen Zufallsexperiment.

Mit einem Baumdiagramm kann man alle möglichen Ergebnisse des mehrstufigen Zufallsexperiments übersichtlich darstellen.

Es gelten dabei folgende Regeln:
■ **1. Pfadregel – Produktregel:** Die Wahrscheinlichkeit eines Ergebnisses ist das Produkt der Einzelwahrscheinlichkeiten entlang des Pfads im Baumdiagramm.
■ **2. Pfadregel – Summenregel:** Die Wahrscheinlichkeit eines Ereignisses ist die Summe aller Pfadwahrscheinlichkeiten seiner zugehörigen Ergebnisse.
■ **Verzweigungsregel:** Die Summe aller Wahrscheinlichkeiten an den von einem Verzweigungspunkt ausgehenden Ästen beträgt 1.

In einem Korb liegen dreizehn Socken: drei rote, sechs blaue und vier grüne. Felix nimmt blind zwei Socken heraus. Wie groß ist die Wahrscheinlichkeit, dass beide Socken die gleiche Farbe haben?

Bezeichne die Ereignisse folgendermaßen:
R: Er erwischt eine rote Socke.
B: Er erwischt eine blaue Socke.
G: Er erwischt eine grüne Socke.

mögliche Ergebnisse:
(R, R): zwei rote Socken
(R, B): eine rote, eine blaue Socke
(R, G): eine rote, eine grüne Socke
(B, R): eine blaue, eine rote Socke
(B, B): zwei blaue Socken
(B, G): eine blaue, eine grüne Socke
(G, R): eine grüne, eine rote Socke
(G, B): eine grüne, eine blaue Socke
(G, G): zwei grüne Socken

Baumdiagramm:

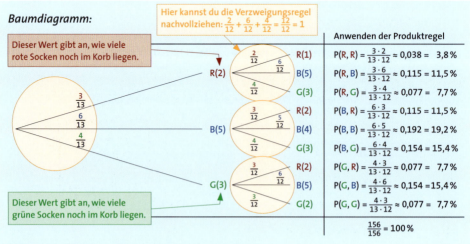

Hier kannst du die Verzweigungsregel nachvollziehen: $\frac{2}{12} + \frac{6}{12} + \frac{4}{12} = \frac{12}{12} = 1$

Dieser Wert gibt an, wie viele rote Socken noch im Korb liegen.

Dieser Wert gibt an, wie viele grüne Socken noch im Korb liegen.

Anwenden der Produktregel

$P(R, R) = \frac{3 \cdot 2}{13 \cdot 12} \approx 0{,}038 = 3{,}8\%$

$P(R, B) = \frac{3 \cdot 6}{13 \cdot 12} \approx 0{,}115 = 11{,}5\%$

$P(R, G) = \frac{3 \cdot 4}{13 \cdot 12} \approx 0{,}077 = 7{,}7\%$

$P(B, R) = \frac{6 \cdot 3}{13 \cdot 12} \approx 0{,}115 = 11{,}5\%$

$P(B, B) = \frac{6 \cdot 5}{13 \cdot 12} \approx 0{,}192 = 19{,}2\%$

$P(B, G) = \frac{6 \cdot 4}{13 \cdot 12} \approx 0{,}154 = 15{,}4\%$

$P(G, R) = \frac{4 \cdot 3}{13 \cdot 12} \approx 0{,}077 = 7{,}7\%$

$P(G, B) = \frac{4 \cdot 6}{13 \cdot 12} \approx 0{,}154 = 15{,}4\%$

$P(G, G) = \frac{4 \cdot 3}{13 \cdot 12} \approx 0{,}077 = 7{,}7\%$

$\frac{156}{156} = 100\%$

Ereignis A: *„Beide Socken haben die gleiche Farbe."*
Nach der Summenregel gilt: P(A) = P(R, R) + P(B, B) + P(G, G) ≈ 30,7 %

Die Wahrscheinlichkeit, dass beide Socken die gleiche Farbe haben, beträgt ca. 31 %.

WISSEN

ÜBUNG 4 Manfred geht gerne Basketball spielen. Durchschnittlich trifft er bei 75 von 100 Würfen in den Korb. Wie groß ist die Wahrscheinlichkeit, dass er in zwei Würfen ...

a) genau einmal, b) mindestens einmal, c) mindestens zweimal,

d) höchstens zweimal, e) gar nicht, f) immer trifft?

K: Manfred wirft einen Korb $P(K) = $

N: Manfred wirft keinen Korb $P(N) = \frac{25}{100} = \frac{1}{4}$

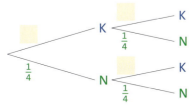

K $\frac{1}{4}$ K $P(K, K) = $

N

$\frac{1}{4}$

N $\frac{1}{4}$ K

N $P(N, N) = \frac{1}{4} \cdot \frac{1}{4} = 0{,}0625 = 6{,}25\,\%$

1. Wurf   2. Wurf

Ereignis	günstige Ergebnisse	Anwenden der Summenregel
A: Er trifft genau einmal.	(K, N); (N, K)	
B: Er trifft mindestens einmal.	(K, N); (N, K); (K, K)	$P(B) = P(K, N) + P(N, K) + P(K, K)$ $= 93{,}75\,\%$
C: Er trifft mindestens zweimal.		
D: Er trifft höchstens zweimal.		
E: Er trifft gar nicht.	(N, N)	$P(E) = P(N, N) = 6{,}25\,\%$
F: Er trifft immer.		

Er trifft mit einer Wahrscheinlichkeit von

a)   genau einmal.

b)   mindestens einmal.

c)   mindestens zweimal.

d)   höchstens zweimal.

e)   gar nicht.

f)   immer.

ÜBEN

ÜBUNG 5 In einem kleinen Teich befinden sich noch 10 Karpfen und 15 Barsche. Nachdem Felix 3 Fische geangelt hat, geht er nach Hause. Ermittle mithilfe eines Baumdiagramms die Wahrscheinlichkeit (auf 3 Dezimalstellen genau), dass er mindestens 2 Karpfen gefangen hat. Beachte: Die gefangenen Fische werden nicht zurückgeworfen.

 ÜBUNG 6 Christian hat einen Test zur Feststellung einer Krankheit entwickelt. Dieser Test liefert mit einer Wahrscheinlichkeit von 99,7 % das richtige Ergebnis; d.h., der Test liefert bei 99,7 % der Erkrankten ein positives Ergebnis (die Krankheit wurde richtig erkannt) und bei 99,7 % der Gesunden ein negatives Ergebnis (der Test zeigt in diesen Fällen, dass diese Krankheit hier nicht vorliegt).

a) Ergänze die Lücken.

K: Person hat die Krankheit.

G: Person hat die Krankheit nicht.

T+: Positives Testergebnis, d.h., Person hat laut Test die Krankheit.

T−: Negatives Testergebnis, d.h., Person hat laut Test die Krankheit nicht.

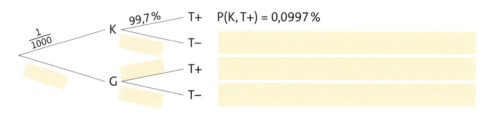

(K,T+): Person hat die Krankheit und diese wurde per Test erkannt.

(K,T−):

(G,T+): Person hat die Krankheit nicht, trotzdem wurde diese per Test erkannt.

(G,T−):

0,0997 % + 0,2997 % =   % der getesteten Personen werden

getestet;   % der getesteten Personen werden negativ getestet.

b) Wie groß ist bei einem positiven Testergebnis die Wahrscheinlichkeit, die Krankheit zu haben?

$$\frac{\text{Prozentanteil der positiv getesteten Personen, die die Krankheit haben}}{\text{Prozentanteil der} \underline{\hspace{4cm}} \text{Personen}} = \underline{\hspace{2cm}}$$

Von 100 positiv getesteten Personen haben also im Schnitt   Personen die Krankheit.

ÜBUNG 7 Nadja wird in Mathematik geprüft. Sie darf bei der Prüfung 2 von 30 Prüfungsfragen ziehen. Insgesamt kann sie 25 von den 30 Fragen richtig beantworten. Die anderen 5 Fragen hat sie nicht verstanden und kann sie nicht beantworten. Wie groß ist die Wahrscheinlichkeit, dass sie ...

- a) beide gezogenen Fragen richtig beantworten kann?
- b) mindestens eine Frage richtig beantworten kann?
- c) nur die zweite Frage richtig beantworten kann?

ÜBUNG 8 Lukas bringt zwei Würfel mit in die Schule, deren Würfelnetze unten abgebildet sind. Lukas schlägt David folgende Spielregel vor: „Du darfst dir einen Würfel aussuchen. Gewonnen hat derjenige von uns beiden, der bei zweimaligem Werfen seines Würfels zweimal die gleiche Augenzahl wirft." David ist damit einverstanden.

- a) Welchen Würfel würdest du empfehlen? Handelt es sich um ein faires Spiel?
- b) Handelt es sich um ein faires Spiel, wenn derjenige Spieler mit der höheren Augensumme gewinnt?

Würfel A   Würfel B

ÜBUNG 9 Frau Mika ist Mathematiklehrerin. Im letzten Schuljahr hat sie die letzte Mathematikarbeit aus zeitlichen Gründen nicht mehr korrigieren können und hat die Noten ausgewürfelt. Dies hat ihr viel Ärger bei den Schülern und Schülerinnen, bei den Eltern und der Schulleiterin eingebracht, die allerdings alle nichts von ihrem Verfahren wissen. Unter anderem gab es Ärger, da ein Drittel der Schülerinnen und Schüler Fünfer und Sechser hatten.

- a) Wie groß war bei dieser Art der Notenermittlung die Wahrscheinlichkeit, eine Fünf oder eine Sechs zu bekommen?
- b) Diesen Ärger will Frau Mika in diesem Jahr dadurch vermeiden, dass sie die Noten mit zwei Würfeln ermittelt, indem sie immer die niedrigere Augenzahl als Note nimmt. Fertige ein Baumdiagramm an. Die Skizze hilft dir dabei.

$$P(1,1) = \frac{1}{6} \cdot \frac{1}{6} = \frac{1}{36}$$

$$P(1,6) = \frac{1}{6} \cdot \frac{1}{6} = \frac{1}{36}$$

Ergebnisse	Noten
(1, 1)	1
(1, 2)	1
(1, 3)	1
(1, 4)	1
(1, 5)	1
(1, 6)	1

- c) Wird sie diesmal wieder Ärger bekommen? Begründe deine Antwort.

ÜBEN

Klassenarbeit 1

 45 Minuten

 AUFGABE 1 Die Mathematiklehrerin Frau Mika lost jeden Tag aus, wer keine Hausaufgaben machen muss. (Sie hat eine Kiste, in der sich zusammengefaltete Zettel mit den Namen ihrer Schüler und Schülerinnen befinden). Nadja möchte heute Nachmittag ins Schwimmbad und hofft, keine Mathematik- hausaufgaben machen zu müssen. Es befinden sich nur noch 11 Zettel in der Kiste. Wie groß ist die Wahrscheinlichkeit, dass Nadja ausgelost wird?

 AUFGABE 2 Michi muss eine Sechs würfeln, um beim Spiel „Mensch ärgere dich nicht" wieder eine Figur auf das Startfeld stellen zu dürfen. Sie behauptet, dass sie spätestens in sechs Zügen eine Sechs wirft. Stimmt das? Begründe deine Antwort.

 AUFGABE 3 Der Deutschlehrer Schiller lost jeden Tag aus, wer keine Hausaufgaben machen muss. (Er hat eine Kiste, in der sich zusammengefaltete Zettel mit den Namen seiner 30 Schüler und Schülerinnen befinden). Jeden Tag zieht er einen Zettel mit Namen, legt ihn aber gleich wieder zurück.

a) Nadja will heute ins Schwimmbad und hofft, keine Deutsch-Hausaufgaben machen zu müssen. Mit welcher Wahrscheinlichkeit wird sie ausgelost?
b) Nadja schreibt in vier Tagen eine Französischarbeit. Jetzt hofft sie, dass sie in den nächsten drei Deutschstunden jeweils ausgelost wird, weil sie für die Arbeit lernen möchte. Wie wahrscheinlich ist das?

 AUFGABE 4 In einer Tüte befinden sich noch zehn Gummibärchen: fünf rote, zwei gelbe und drei weiße. Emma darf nacheinander zwei Gummibärchen ziehen (ohne das erste wieder zurückzulegen, sie will ja beide essen).

a) Zeichne ein Baumdiagramm und berechne die zugehörigen Wahrscheinlich- keiten. Achte darauf, dass sich durch das Wegnehmen eines Gummibärchens deren Anzahl und somit auch die Wahrscheinlichkeiten ändern.
b) Mit welcher Wahrscheinlichkeit zieht sie genau ein gelbes Gummibärchen?
c) Emma liebt weiße Gummibärchen. Wie groß ist die Wahrscheinlichkeit, dass sie mindestens ein weißes Gummibärchen entnimmt?
d) Wie groß ist die Wahrscheinlichkeit, höchstens ein rotes Gummibärchen zu entnehmen?
e) Emma möchte ihrem Bruder Paul ein rotes Gummibärchen geben. Sie selbst aber möchte ein weißes. Wie groß ist die Wahrscheinlichkeit, dass sie ein rotes und ein weißes entnimmt (egal in welcher Reihenfolge)?

TESTEN

Klassenarbeit 2

AUFGABE 5 Vervollständige die Tabelle. Gib die Anteile als vollständig gekürzten Bruch, in Prozent und als Dezimalzahl an. Schreibe in die letzte Zeile, welcher Winkel in einem Kreisdiagramm zu dem jeweiligen Anteil gehört.

$\frac{3}{10}$				$\frac{1}{8}$	
	25 %				1,5 %
		0,15	0,79		

AUFGABE 6 Ein Würfel wird zweimal geworfen und es wird jeweils die geworfene Augenzahl notiert. Berechne die Wahrscheinlichkeit für die folgenden Ereignisse.

a) Beide Augenzahlen sind gleich.
b) Die Augensumme ist mindestens 10.
c) Die Augensumme ist 1.
d) Die Augensumme liegt zwischen 2 und 12.
e) Die Augensumme im 1. Wurf ist um 2 größer als die im 2. Wurf.

AUFGABE 7 Der Würfel wird nun dreimal geworfen. Berechne die Wahrscheinlichkeit für die angegebenen Ereignisse.

a) Man erhält genau eine 6.
b) Man erhält keine 6.
c) Man erhält mindestens eine 6.

AUFGABE 8 Wachtmeister Taurus weiß aus langjähriger Erfahrung, dass von 100 Fahrrädern etwa 60 Räder Mängel aufweisen. Bei einer Fahrradkontrolle werden 240 Radfahrer einer Schule überprüft.

a) Wie groß ist die Wahrscheinlichkeit, dass ein zufällig ausgewähltes Fahrrad einen Mangel hat?
b) Bei wie vielen der 240 Fahrräder sind Mängel zu erwarten?
c) Vor einer anderen Schule werden 60 Fahrräder kontrolliert. Von diesen haben 42 Fahrräder Mängel. Wie wird Wachtmeister Taurus dieses Ergebnis beurteilen?

TESTEN

AUFGABE 9 In einem Casino ist ein Glücksrad in drei farbige Felder eingeteilt: rot, blau und gelb. Der Manager hat ausgerechnet, dass die einzelnen Felder mit den Wahrscheinlichkeiten $P(\text{rot}) = \frac{1}{2}$, $P(\text{blau}) = \frac{1}{4}$ und $P(\text{gelb}) = \frac{1}{4}$ angezeigt werden.

a) Wie groß sind demnach die Winkel der zugehörigen Kreissektoren auf dem Glücksrad?

b) Sven möchte sein Glück testen. Er darf zwischen zwei Spielvarianten wählen:
1. Das Glücksrad wird dreimal gedreht. Man gewinnt, wenn dabei niemals das blaue Feld getroffen wird.
2. Das Glücksrad wird dreimal gedreht. Man gewinnt, wenn dreimal die gleiche Farbe getroffen wird.
Welche Variante sollte Sven wählen? Entscheide mithilfe der Gewinnwahrscheinlichkeiten.

 AUFGABE 10 „Schere – Stein – Papier" ist ein weltweit verbreitetes Knobelspiel. Jeder der beiden Kontrahenten entscheidet sich für ein Symbol, welches beide Spieler dann gleichzeitig mit der Hand darstellen. Stein gewinnt gegen Schere, verliert aber gegen Papier, und Schere gewinnt gegen Papier. Bei gleichen Symbolen ist das Spiel unentschieden.

a) Untersuche das Spiel und fülle die Tabelle aus. Welches Symbol kannst du empfehlen?

Stein gegen:	Schere **gewinnt**	Papier	Stein
Schere gegen:	Schere	Papier	Stein
Papier gegen:	Schere	Papier	Stein

b) Bei einer Variante des Spiels kommt noch das Symbol „Brunnen" hinzu. Brunnen gewinnt gegen Schere und Stein und verliert gegen Papier. Welches Symbol würdest du nun empfehlen?

 AUFGABE 11 Laut Werbung befindet sich in jedem siebten Überraschungspaket eine besondere Spielfigur.

a) Mit welcher Wahrscheinlichkeit bekommt man eine Figur, wenn man ein zufällig ausgewähltes Überraschungspaket kauft?

b) Mit welcher Wahrscheinlichkeit erhält man bei drei Überraschungspaketen mindestens eine Figur?

c) Wie viele Überraschungspakete muss man kaufen, um mit 90%iger Wahrscheinlichkeit mindestens eine Figur zu bekommen?

TESTEN

Stichwortfinder

STICHWORTFINDER

DUDEN

Mathematik

Lösungsheft

8.

Klasse

1 Rechnen mit Termen

ÜBUNG 1   S. 6

a) $154k + 63$; **b)** $24m - 36n$; **c)** $3a - 21b + c$;

d) $x - 2\frac{1}{4}$; **e)** $\frac{1}{5}a + \frac{1}{6}b$; **f)** $m - 1\frac{7}{8}$; **g)** $-\frac{3}{4}a - \frac{3}{4}x$

ÜBUNG 2   S. 6

b) $2a + b - 2ab$; **c)** $-8x - 91y$; **d)** $10x - 15y$

ÜBUNG 3   S. 7

a) $-6x \cdot (3xy + 5x^2z)$; **b)** $9a \cdot (5a^2b - 4b^2)$;

c) $uv \cdot (24u - 8v)$; **d)** $-4cd \cdot (7 - 4c)$; **e)** $x^2y \cdot (11 - 19y)$

ÜBUNG 4   S. 7

a) $9ab^2 \cdot (-4ab + 9)$; **b)** $45vw^2 \cdot (3v - 1)$;

c) $4ef \cdot (3f + 5e - 6)$; **d)** $8 \cdot a^2b^2c^2(-5a - 2b + 7c)$

ÜBUNG 5   S. 7

a) $28xy + 49x = 7x \cdot (\mathbf{4y + 7})$

b) $18mn^2 - 48m^2n = \mathbf{6mn} \cdot (\mathbf{3n} - 8m)$

c) $-45a^2b^2 - 90ab^2 = \mathbf{-3ab^2} \cdot (15a + \mathbf{30})$

d) $-52a^2b^3 - 91ab^2 = 13ab \cdot (\mathbf{-4ab^2 - 7b})$

ÜBUNG 6   S. 7

b) $2 \cdot (-37mn + 30m + 30n)$; **c)** $6 \cdot (-4s - t)$;

d) $15x \cdot (-2x + y)$

ÜBUNG 7   S. 9

a) $20a + 15b + 8ab + 6b^2$

b) $-14x^2 - 1\frac{5}{7}y^2 + 10xy$

c) $-67,2r^2 - 9,6u^2 + 290,24ru$

d) $\frac{1}{4}m^2 - \frac{43}{72}mn + \frac{1}{3}n^2$

e) $6a^3b^3 - 12a^4b^2 + 36a^2b^4$

f) $6f^2 - 105g^2 - 30h^2 + 9fg - 3fh - 117gh$

ÜBUNG 8   S. 9

a) $-12a - 6b + 48a^2 - 12b^2$

b) $(-16a - 36b + 192$

c) $24s^2 + 22,5t^2 - 49,1st$

d) $-27x^2 - 15xy + 18xz + 6yz$

e) $2x - x^2 - \frac{3}{8}y^2 + \frac{5}{4}xy + 21$

f) $-\frac{1}{10}u^2 - \frac{19}{6}v^2 + \frac{109}{420}uv$

ÜBUNG 9   S. 9

a) $\mathbf{24xy} + 9y^2 - \mathbf{40x^2} - 15xy$

b) $12ac + \mathbf{27ad} - \mathbf{28bc} - 63bd$

c) $16u^2 - 24uv + 28uv - 42v^2$

d) $(\mathbf{x + 3}) \cdot (x + 4)$

ÜBUNG 10   S. 9

a) $9x^2 + 42x + 49$; **b)** $16a^2 - 40ab + 25b^2$;

c) $36c^2 - 16d^2$; **d)** $16w^2 + 24uw + 9u^2$;

e) $\frac{1}{16}z^2 - a^2$; **f)** $\frac{16}{25} - \frac{9}{16}q^2$

ÜBUNG 11   S. 9

a) $41m^2 + 73n^2 + 34mn$

b) $63v + 169v^2 + 36w^2 - 212vw$

c) $-165a^2 - 20b^2 + 60ab$

d) $299m^2 + 8100n^2 - 3240mn + 9$

e) $-32x^2 + 44y^2 + 42xy$

f) $35a^2 - 41b^2 - 30ab$

ÜBUNG 12   S. 11

a) $(2x)^2 + \mathbf{2} \cdot \mathbf{2x} \cdot \mathbf{3} + 3^2 = (2x + 3)^2$

b) $(\mathbf{3})^2 - 2 \cdot 3a + (a)^2 = (\mathbf{3} - a)^2$

c) $(\mathbf{13x})^2 - (\mathbf{16y})^2 = (\mathbf{13x + 16y}) \cdot (\mathbf{13x - 16y})$

ÜBUNG 13   S. 11

a) $(7x - 5)^2$; **b)** $(14a + 5b)^2$;

c) $(4m + 9) \cdot (4m - 9)$; **d)** $(\frac{1}{2}a + 4)^2$; **e)** $(\frac{1}{4}k - w)^2$

ÜBUNG 14   S. 11

b) $4 \cdot (m - 5)^2$; **c)** $3 \cdot (3a - 4b)^2$;

d) $6 \cdot (\frac{1}{2}x + 3)^2$

Klassenarbeiten

AUFGABE 1   S. 12

a) $-24y + 52$; **b)** $1,5x - 9$; **c)** $10\frac{2}{7}m - 4\frac{1}{2}n$;

d) $2a - 1\frac{1}{3}b$; **e)** $-\frac{3}{7}s^2t + \frac{3}{14}st^2$

AUFGABE 2   S. 12

a) $68x - 91xy - 37y - 7$; **b)** $-2ab - 33a - 29b + 51$;

c) $-98x + 128y + 174$; **d)** $-\frac{17}{15}x + \frac{29}{81}y$

AUFGABE 3   S. 12

a) $6xyz \cdot (9xy - 2y + 12z)$

b) $7a^2b^2c \cdot (9ab - 13bc - 5 - 8c^2)$

AUFGABE 4 S. 12

a) $105x + 180xy - 21 - 36y$

b) $5x^2 - 25bx + 3bx - 15b^2$

AUFGABE 5 S. 13

a) $-20x + 24x^2 - 84$

b) $42x^3y^3 - 24x^4y^2 + 45x^2y^4$

c) $-145xy + 33xz + 60yz - 72x^2$

d) $-\frac{12}{25}x^2 + \frac{19}{45}xy - \frac{4}{81}y^2$

AUFGABE 6 S. 13

a) $36a^2 + 84a + 49$; b) $64x^2 - 192xy + 144y^2$;

c) $\frac{1}{9}m^2 + \frac{1}{6}mn + \frac{1}{16}n^2$; d) $\frac{9}{16}h^2 - \frac{4}{25}i^2$

AUFGABE 7 S. 13

a) $1225a^2 - 6406ab + 8281b^2$

b) $-18x^2 + 43y^2 - 36xy$

AUFGABE 8 S. 13

a) $3 \cdot (4a - 3b)^2$; b) $\frac{1}{3} \cdot (x + 7)^2$

AUFGABE 9 S. 14

a) $6x^2 + 8xy$; b) $-15a^2 + 39ab$

AUFGABE 10 S. 14

a) $7y \cdot (x - 4)$; b) $ab \cdot (1 - b^2)$;

c) $21x^2z \cdot (-5x + 3z)$

AUFGABE 11 S. 14

a) $\frac{1}{3}(-x + 2) + \frac{11}{6}x - \frac{14}{3} = -\frac{1}{3}x + \frac{2}{3} + \frac{11}{6}x - \frac{14}{3}$

$= \frac{9}{6}x - \frac{12}{3} = \frac{3}{2}x - 4$

Die Terme sind äquivalent.

b) $-\frac{2}{3}\left(3 - \frac{9}{4}x\right) + 2 = -2 + \frac{3}{2}x + 2 = \frac{3}{2}x \neq \frac{3}{2}x - 4$

Die Terme sind nicht äquivalent.

c) $\frac{1}{3}(-1 + 2) + \frac{11}{6} \cdot 1 - \frac{14}{3} = -\frac{5}{2}$

d) $-\frac{2}{3}\left(3 - \frac{9}{4} \cdot \frac{2}{3}\right) + 2 = -2 + \frac{2}{3} \cdot \frac{2}{3} \cdot \frac{9}{4} + 2$

$= -2 + 1 - 2 = 1$

AUFGABE 12 S. 14

a) $9a^2 - 72ab + 144b^2$; b) $\frac{1}{4}x^2 + 8xy + 64y^2$;

c) $49x^2 - 4y^2$

AUFGABE 13 S. 14

$a = 10$ und $b = -10$ oder $a = -10$ und $b = 10$

AUFGABE 14 S. 15

a) $\frac{1}{2}w(12x - 9y + z) = 6wx - \frac{9}{2}wy + \frac{1}{2}wz$

b) $15a + 27ab - 3a^2 = 3a(5 + 9b - a)$

c) $25x^2 - 70xy + 49y^2 = (5x - 7y)^2$

d) $100s^2 + 180st + 81t^2 = (10s + 9t)^2$

AUFGABE 15 S. 15

$(x - 3)^2 = (7 - x)^2$

Für $x = 5$ sind die Flächeninhalte der grauen Quadrate gleich und betragen jeweils 4 Flächeneinheiten.

AUFGABE 16 S. 15

a) $2ac + (b - 2c) \cdot (a - 4c)$

b) $ab - 2 \cdot 2c \cdot (b - 2c)$

c) $2ac + (b - 2c) \cdot (a - 4c)$

$= 2ac + ab - 2ac - 4bc + 8c^2 = ab - 4bc + 8c^2$

$ab - 2 \cdot 2c \cdot (b - 2c) = ab - 4bc + 8c^2$

2 Zuordnungen und Funktionen

ÜBUNG 1 S. 18

a) Zurückgelegte Strecke in km und Zeit

b) Zwei Freunde machen einen Ausflug; langsamer Radfahrer fährt Fahrrad usw.

c) Felix und Julius starten um **8 Uhr** einen Ausflug zu der noch **12 km** entfernten Jugendherberge. Die ersten **8 km** schaffen sie in zwei Stunden. Nach einer einstündigen Pause geht es sehr steil bergauf weiter. Für die restlichen **4 km** benötigen sie **zwei Stunden**. Um **13 Uhr** sind sie am Ziel.

ÜBUNG 2 S. 18

a) ca. 2 °C; b) Dezember; c) August; d) Januar

ÜBUNG 3 S. 19

a) Inga war die Schnellste.

b) Katja konnte während des gesamten Laufes die Geschwindigkeit halten und wurde Zweite.

c) Susi ist am schnellsten gestartet, musste aber nach 1 km eine Pause einlegen. Sie wurde von Inga und von Katja überholt. Nachdem Katja sie überholt hatte, versuchte Susi sich dranzu-hängen. Sie schaffte es, Katja zu überholen und konnte auch Inga einholen und versuchte, sich ihrem Tempo anzupassen. 0,75 km vor dem Ziel brach Susi zusammen und musste zusehen, wie erst Katja und schließlich auch Lea sie überhol-ten.

d) Lea hingegen hatte Startschwierigkeiten, holte aber auf. Den letzten Kilometer lief sie genauso schnell wie Inga, allerdings 1000 m hinter ihr. Sie kam sie als Dritte ins Ziel.

e) Susi hat das Ziel nicht erreicht.

ÜBUNG 4   S. 19

a) Säulendiagramm

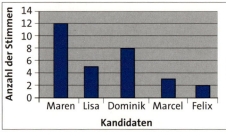

b) Kreisdiagramm

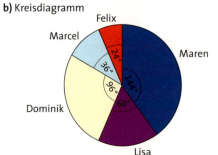

ÜBUNG 5   S. 19

Preis pro S.: 5,50 €

Anzahl der Schülerinnen	Kosten der Fahrt in €
2	11,00
3	16,50
4	22,00
5	27,50
6	33,00

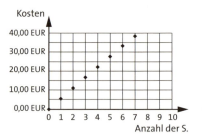

ÜBUNG 6   S. 22

a) Funktion, jedem Jungen wird genau eine Schwester zugeordnet

b) keine Funktion, da z. B. Regina mehrere Brüder hat (keine eindeutige Zuordnung)

c) keine Funktion, da der Zahl 3 zwei Zahlen (5 und 8) zugeordnet werden

d) keine Funktion, es gibt nur einen x-Wert, die-sem werden unendlich viele y-Werte zugeordnet

e) Funktion, weil jedem x genau ein y zugeordnet wird

f) keine Funktion, da einigen x-Werten mehrere y-Werte zugeordnet werden

ÜBUNG 7   S. 22

a) $W_f = [0;5]$

b) Der Graph ist achsensymmetrisch, da er durch Spiegelung an der y-Achse auf sich selbst abge-bildet wird.

c) für x > 0 steigend, für x < 0 fallend

d) Minimum: 0

ÜBUNG 8   S. 23

a) Nein

b) Der Graph ist nur monoton fallend.

c) $S_x(10|0)$ und $S_y(0|6)$

ÜBUNG 9   S. 23

a) $W_f = \{y \mid -3 \le y \le 3\}$

b) Der Graph ist achsensymmetrisch, da er durch Spiegelung an der y-Achse auf sich selbst abgebildet wird.

c) Monoton steigend: $I_1 = \{x \mid x \le -7\}$, $I_3 = [0,7]$; monoton fallend: $I_2 = [-7,0]$; $I_4 = \{x \mid x \ge 7\}$

d) $H_1(-7 \mid 3)$, $H_2(7 \mid 3)$, $T(0 \mid -3)$; **e)** $S_y(0 \mid -3)$, $S_{x_1}(-10 \mid 0)$, $S_{x_2}(-4 \mid 0)$, $S_{x_3}(4 \mid 0)$, $S_{x_4}(10 \mid 0)$

ÜBUNG 10   S. 24

a) Im Intervall $I_1[-5; 0]$ steigend, ansonsten fallend; **b)** $H(0 \mid 5)$; **c)** nein; **d)** $S_x(5 \mid 0)$; **e)** $S_y(0 \mid 5)$

ÜBUNG 11   S. 24

a) b) c)

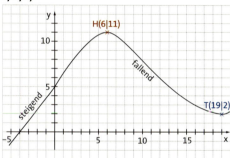

ÜBUNG 12   S. 24

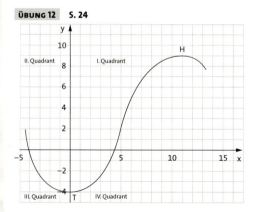

ÜBUNG 13   S. 25

a) Die Währungen (der Geldbetrag in) Dänische Kronen und Euro

b) der Eurobetrag

c) der Kronenbetrag

d)

Geldbetrag in Euro	Geldbetrag in Dänische Kronen
1	7,50
50	375,00
100	750,00
150	1125,00
200	1500,00
250	1875,00
300	2250,00
350	2625,00
400	3000,00
450	3375,00
500	3750,00
600	4500,00

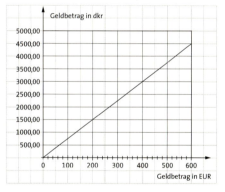

ÜBUNG 14   S. 25

a) Sie treffen sich nach 50 Minuten.

b) Manfred musste 6 km bis zum Treffpunkt fahren.

c) Hubert musste 10 km bis zum Treffpunkt fahren.

d) Hubert braucht 80 Minuten bis Schönborn.

e) Manfred braucht ca. 133 Minuten bis Wintershausen.

S. 26
a) Die Arbeiten würden 40 Tage dauern. (Ein Arbeiter benötigt 120 Tage; drei Arbeiter benötigen 40 Tage.)
b) Die Arbeiten würden 24 (20) Tage dauern.
c)

ÜBUNG 16 **S. 28**
Ergebnisse: **a)** $L = \{9\}$; **b)** $L = \{-35\}$;
c) $L = \{8\}$; **d)** $L = \{3\}$

ÜBUNG 17 **S. 29**
a) 11; **b)** 9

ÜBUNG 18 **S. 29**
a) $L = \{x \mid x > 4\}$; **b)** $L = \{x \mid x \leq 1\}$

ÜBUNG 19 **S. 29**
a) 2. Zeile: $x > 12$; **b)** 2. Zeile: $-5x \geq 15$

ÜBUNG 20 **S. 30**
a) $L = \mathbb{Q}$; **b)** $L = \{x \mid x \geq 0\}$; **c)** $L = \{\}$

ÜBUNG 21 **S. 30**
a) $y = 2x - 1$; **b)** $y = 0{,}75x + 3$; **c)** $y = 2x - 1$;
d) $y \leq -\frac{2}{3}x + \frac{1}{2}$; **e)** $y > \frac{3}{2}x + \frac{3}{4}$; **f)** $y = -\frac{1}{2}x + 4$;
g) $y = \frac{2}{3}x - \frac{5}{3}$; **h)** $y = -0{,}6x + 1{,}8$

ÜBUNG 22 **S. 30**
a) $x = -\frac{14}{3}$; **b)** $x = -1{,}6$; **c)** $w = 3$; **d)** $x = 18{,}5$;
e) $x = \frac{28}{29}$; **f)** $y = -\frac{11}{9}$

ÜBUNG 23 **S. 32**
Punkt A liegt nur auf dem Graphen der Funktion $y = -\frac{4}{3}x + 3$. Punkt B liegt nur auf dem Graphen der Funktion $y = -1$.

ÜBUNG 24 **S. 32**
Gleichungen linearer Funktionen:
$y = 0$; $2x - 3y = 6$; $y - 2x = 0$; $x = 6y$; $y = 6$

ÜBUNG 25 **S. 32**
a) $m_1 = -\frac{2}{3}$; $m_2 = -2$; $m_3 = 1$; $m_4 = \frac{1}{2}$
b) $f_1 = -\frac{2}{3}x$; $f_2 = -2x$; $f_3 = x$; $f_4 = \frac{1}{2}x$

ÜBUNG 26 **S. 33**
$y = \frac{2}{3}x + 2 \rightarrow$ roter Graph
$y = -4x - 2 \rightarrow$ blauer Graph
$y = 5x + 10 \rightarrow$ schwarzer Graph
$y = -\frac{3}{2}x + 7 \rightarrow$ grüner Graph

ÜBUNG 27 **S. 33**

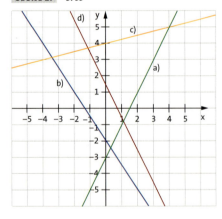

ÜBUNG 28 **S. 33**
a) $P(3 \mid 6)$; **b)** $P(1{,}75 \mid -1)$; **c)** $P(-16 \mid -4)$

ÜBUNG 29 **S. 33**
a) $m = 2$; **b)** $m = -\frac{1}{10}$; **c)** $m = \frac{1}{15}$

ÜBUNG 30   S. 33

Schnittpunkt mit der x-Achse (y = 0): N
Schnittpunkt mit der y-Achse (x = 0): S_y
a) (I) N (2|0); S_y (0|3); (II) N (18|0); S_y (0|−3);
(III) N ($-\frac{16}{3}$|0); S_y (0|4)
b)

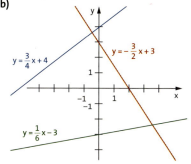

c) (I) $y = -\frac{3}{2}x + 3$; (II) $y = \frac{1}{6}x - 3$; (III) $y = \frac{3}{4}x + 4$

ÜBUNG 31   S. 35

a) Informationen über die Anzahl von Toren, die
die drei Spieler geschossen haben.
c)–f)

Anzahl Emmas Tore:	e
Anzahl Felix' Tore:	2e
Anzahl Benedikts Tore:	e − 4
Insgesamt:	e + 2e + (e − 4) = 36
	e = 10

g)–h)

e = 10:	Emma hat 10 Tore geschossen.
2e = 20:	Felix hat 20 Tore geschossen.
e − 4 = 6:	Benedikt hat 6 Tore geschossen.

ÜBUNG 32   S. 36

Julias Alter:	j
Andreas Alter:	2j
Sibylles Alter:	2j + 4
Insgesamt:	j + 2j + 2j + 4 = 74
	j = 14
j = 14:	Julia ist 14 Jahre alt.
2j = 28:	Andrea ist 28 Jahre alt.
2j + 4 = 32:	Sibylle ist 32 Jahre alt.

ÜBUNG 33   S. 36

Anzahl der Besucher am 1. Tag: b
Anzahl der Besucher am 2. Tag: b − 984

Insgesamt:	b + b − 984 = 10 320
	b = 5652
b = 5652	Am ersten Tag waren
	5652 Besucher und
b − 984 = 4668	am zweiten Tag waren
	4668 Besucher in der Aus-
	stellung.

ÜBUNG 34   S. 36

Roggenmehl in kg:	r
Weizenmehl in kg:	r + 15
gesamtes Mehl in kg:	r + r + 15 = 50
	r = 17,5
r = 17,5	Die 50-kg-Mehlmischung
	besteht aus 17,5 kg Roggenmehl
r + 15 = 32,5	und 32,5 kg Weizenmehl.

ÜBUNG 35   S. 36

Anzahl Schüler aus Nordern:	n
Anzahl Schüler aus Ostern:	n − 90
Anzahl Schüler aus Western:	n + 66
Gesamtanzahl:	n + n − 90 + n + 66 = 840
	n = 288
n = 288	Es kommen 288 S. aus Nordern,
n − 90 = 198	198 aus Ostern und
n + 66 = 354	354 aus Western.

ÜBUNG 36   S. 36

Zahl	x
Das 6-Fache der Summe aus dem 9-Fachen der Zahl und 1:	6 · (9x + 1)
Die Differenz aus dem 12-Fachen der Zahl und 3, multipliziert mit 4:	(12x − 3) · 4

6 · (9x + 1) = (12x − 3) · 4
54x + 6 = 48x − 12 | − 48x − 6
6x = −18
x = −3
Die gesuchte Zahl ist −3.

ÜBUNG 37   S. 36

18x + 5(x + 1) = 97; die gesuchte Zahl ist 4.

2 Zuordnungen und Funktionen

ÜBUNG 38 S. 36

a) Größe des Grundstückes in m²: x

Familie Ehrlich erhält:	780 m²
Familie Herrlich erhält:	$\frac{1}{3}$x
Familie Zänkig erhält:	$\frac{1}{8}$x

Größe des Grundstückes in m²: $780 + \frac{1}{3}x + \frac{1}{8}x = x$

$$x = 1440$$

b) 780   Familie Ehrlich erbt 780 m²,
$\frac{1}{3}x = 480$ Familie Herrlich 480 m² und
$\frac{1}{8}x = 180$ Familie Zänkig 180 m² des 1440 m²
           großen Grundstückes.

ÜBUNG 39 S. 36

a)

Angebot	t Tagesmieten kosten (in €)
A	$60 + 10{,}5 \cdot t$
B	$12{,}5 \cdot t$

Für genau 30 Tage sind beide Angebote gleich teuer.

b) Will man das Gerät weniger als 30 Tage ausleihen, ist Angebot B preiswerter. Will man das Gerät länger als 30 Tage leihen, so ist Angebot A günstiger. Allerdings stellt sich die Frage, ob kaufen nicht noch günstiger wäre.

Klassenarbeiten

AUFGABE 1 S. 37

a) $y = -0{,}5x + 3$; **b)** $y = x - 3$

AUFGABE 2 S. 37

a) Manfred startet in Schönborn. **b)** Hubert startet in Wintersdorf. **c)** Um 8 Uhr startet Manfred von Schönborn in Richtung Wintersdorf. Nach 10 Minuten macht er eine Pause von 20 Minuten. Indessen ist auch Hubert von Wintersdorf in Richtung Schönborn gestartet. Sie treffen sich um 8.50 Uhr. Manfred ist inzwischen 15 km geradelt, Hubert 3 km. Sie machen gemeinsam eine Pause von 25 Minuten. Danach fahren sie gemeinsam nach Schönborn, wobei Hubert immer ein Stück vorfährt und zwischendurch auf Manfred wartet. Hubert kommt als Erster in Schönborn an.

AUFGABE 3 S. 38

a) $-84{,}8$; **b)** $x \geq -\frac{5}{6}$;
c) $x = -\frac{14}{3}$; **d)** $x = -1{,}6$

AUFGABE 4 S. 38

a) 1C; 3D; 4A; 5B

b)

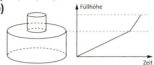

c) Natürlich kann sich Sabine auf diese Wette einlassen. Wie man auf der Abbildung erkennen kann, passt in Gefäß 1 mehr Wasser als in Gefäß 5. Da der Wasserstrahl nicht verändert wird, braucht man dann natürlich weniger als 45 Sekunden, um Gefäß 5 zu befüllen.

AUFGABE 5 S. 38

Michaelas Anteil in €:	m
Lisas Anteil in €:	3m
Katjas Anteil in €:	2m
Gewinn in €:	m + 3m + 2m = 25 740
	m = 4290

m = 4290   Michaela bekommt 4290 €
3m = 12 870   Lisa 12 870 €
2m = 8580   und Katja 8580 €.

AUFGABE 6 S. 39

c) und **d)** stellen keine Funktionen dar, da es nicht zu jedem x-Wert nur einen y-Wert gibt.

AUFGABE 7 S. 39

Zeit in s	1	2	3	5
Inhalt Tank 1 in l	70,5	71	71,5	72,5
Inhalt Tank 2 in l	2	4	6	10
Zeit in s	10	20	50	
Inhalt Tank 1 in l	75	80	95	
Inhalt Tank 2 in l	20	40	100	

AUFGABE 8　**S. 40**

a) Tank 1: $y = 0{,}5x + 70$; Tank 2: $y = 2x$

b)

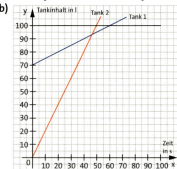

c)–f)

		c)	d)
Tankinhalt in l	75	78,22	100
Zeitbedarf für Tank 1 in s	10	16,44	60
Zeitbedarf für Tank 2 in s	37,5	39,11	50

	e)	f)
Tankinhalt in l	93,33	0
Zeitbedarf für Tank 1 in s	46,67	–140
Zeitbedarf für Tank 2 in s	46,67	0

AUFGABE 9　**S. 41**

a) $L = \{-7\}$; **b)** $L = \left\{\frac{13}{36}\right\}$

AUFGABE 10　**S. 41**

Graph d) passt, da sich die Geschwindigkeit zunächst erhöht, der Weg also immer schneller zurückgelegt wird. Schließlich wird die Geschwindigkeit geringer und der Schlitten legt weniger Weg pro Zeit zurück.

AUFGABE 11　**S. 41**

a)

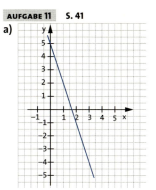

b) P und S liegen auf dem Graphen.

c) $N\left(\frac{5}{3}\,\middle|\,0\right)$

AUFGABE 12　**S. 41**

a) $L = \{-1\}$; **b)** $L = \{4\}$; **c)** $L = \{\ \}$

AUFGABE 13　**S. 41**

Richtig ist c).

AUFGABE 14　**S. 42**

$y = 12{,}5x + 2{,}5$

AUFGABE 15　**S. 42**

a) Der Flug dauert 97 Sekunden.

b) Die größte Höhe beträgt 45 m.

c) Es dauert 54 Sekunden, bis die größte Höhe erreicht wird.

d) Der Ballon steigt 10 Sekunden lang gleichmäßig auf eine Höhe von 15 m, dann bleibt er 8 Sekunden lang auf dieser Höhe und steigt schließlich 12 Sekunden lang gleichmäßig bis auf eine Höhe von 40 m. Hier steigt er zunächst nicht weiter.

e) Am schnellsten steigt der Ballon zwischen der 80. und der 82. Sekunde mit einer Geschwindigkeit von 2,5 m pro Sekunde.

AUFGABE 16　**S. 42**

a) x: Zeit in Sekunden, y: Höhe in Metern: $y = \frac{5}{6}x$

b) Nach 36 Sekunden hat der Ballon eine Höhe von 30 m erreicht.

c) Er benötigt 18 Sekunden.

3 Lineare Gleichungssysteme

ÜBUNG 1 S. 44

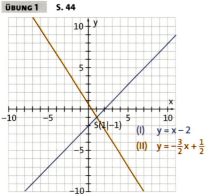

(I) $y = x - 2$
(II) $y = -\frac{3}{2}x + \frac{1}{2}$

Probe: (I) $-1 = 1 - 2$; (II) $-1 = \frac{-3}{2} + \frac{1}{2}$
$L = \{(1 \mid -1)\}$

ÜBUNG 2 S. 44

a)

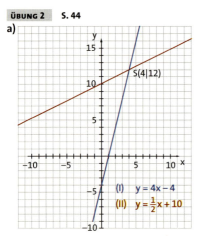

(I) $y = 4x - 4$
(II) $y = \frac{1}{2}x + 10$

Probe: (I) $12 = 4 \cdot 4 - 4$; (II) $12 = \frac{1}{2} \cdot 4 + 10$
$L = \{(4 \mid 12)\}$

b)

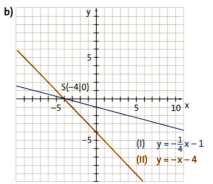

(I) $y = -\frac{1}{4}x - 1$
(II) $y = -x - 4$

Probe: (I) $0 = -\frac{1}{4} \cdot (-4) - 1$; (II) $0 = -(-4) - 4$
$L = \{(-4 \mid 0)\}$

c)

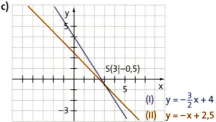

(I) $y = -\frac{3}{2}x + 4$
(II) $y = -x + 2,5$

Probe: (I) $-0,5 = \left(-\frac{3}{2}\right) \cdot 3 + 4$;
(II) $-0,5 = (-1) \cdot 3 + 2,5$
$L = \{(3 \mid -0,5)\}$

d)

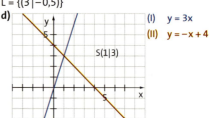

(I) $y = 3x$
(II) $y = -x + 4$

Probe: (I) $3 = 3 \cdot 1$; (II) $3 = -1 \cdot 1 + 4$; $L = \{(1 \mid 3)\}$

ÜBUNG 3   S. 45

a)

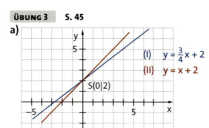

(I) $y = \frac{3}{4}x + 2$

(II) $y = x + 2$

$S(0|2)$

Probe: (I) $2 = \frac{3}{4} \cdot 0 + 2$; (II) $2 = 0 + 2$

$L = \{(0|2)\}$

b)

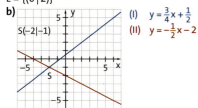

$S(-2|-1)$

(I) $y = \frac{3}{4}x + \frac{1}{2}$

(II) $y = -\frac{1}{2}x - 2$

Probe: (I) $-1 = \frac{3}{4} \cdot (-2) + \frac{1}{2}$; (II) $-1 = -\frac{1}{2} \cdot (-2) - 2$

$L = \{(-2|-1)\}$

ÜBUNG 4   S. 45

a)

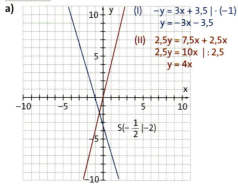

(I) $-y = 3x + 3,5 \mid \cdot (-1)$

$y = -3x - 3,5$

(II) $2,5y = 7,5x + 2,5$

$2,5y = 10x \mid : 2,5$

$y = 4x$

$S(-\frac{1}{2}|-2)$

Probe: (I) $+2 = 3 \cdot \left(-\frac{1}{2}\right) + 3,5$;

(II) $2,5 \cdot (-2) = 7,5 \cdot \left(-\frac{1}{2}\right) + 2,5 \cdot \left(-\frac{1}{2}\right)$

$L = \left\{\left(-\frac{1}{2}|-2\right)\right\}$

b)

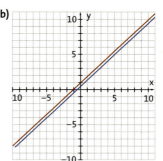

(I) $2x - 2y = -1 \mid -2x$

$-2y = -2x - 1 \mid : (-2)$

$y = x + \frac{1}{2}$

(II) $6x - 6y = -6 \mid -6x$

$-6y = -6x - 6 \mid : (-6)$

$y = x + 1$

Es gibt keine Lösung.

ÜBUNG 5   S. 45

Die beiden Geraden müssen dieselbe Steigung haben, dann sind die Geraden parallel und es gibt keinen Schnittpunkt und somit ist das LGS nicht lösbar (L = { }).

a) (II) $y = 0,5x - 3$:

b) (II) $-2y = -4x + 3$

ÜBUNG 6   S. 47

a) $x = 5$; $y = 3$; $L = \{(5|3)\}$; **b)** LGS hat unendlich viele Lösungen; **c)** $x = 11$; $y = 7$; $L = \{(11|7)\}$; **d)** $x = -\frac{2}{3}$; $y = \frac{17}{3}$; $L = \{(-\frac{2}{3}|\frac{17}{3})\}$

ÜBUNG 7   S. 47

a) $x = 2$; $y = -1$; $L = \{(2|-1)\}$; **b)** $x = 23$; $y = 4$; $L = \{(23|4)\}$; **c)** $x = 11$; $y = -14$; $L = \{(11|-14)\}$; **d)** $x = -3$; $y = -10$; $L = \{(-3|-10)\}$

ÜBUNG 8   S. 48

a) $x = 3,5$; $y = 11,75$; $L = \{(3,5|11,75)\}$; **b)** $x = -4$; $y = -33$; $L = \{(-4|-33)\}$; **c)** $x = \frac{11}{3}$; $y = \frac{35}{9}$; $L = \{(\frac{11}{3}|\frac{35}{9})\}$; **d)** $x = 2\frac{3}{7}$; $y = -4\frac{4}{7}$; $L = \{(2\frac{3}{7}|-4\frac{4}{7})\}$; **e)** $x = 2\frac{5}{7}$; $y = 32$; $L = \{(2\frac{5}{7}|32)\}$

ÜBUNG 9 **S. 48**

a) $x = 2$; $y = 3$; $L = \{(2\,|\,3)\}$; **b)** $x = 2{,}5$;
$y = 2$; $L = \{(2{,}5\,|\,2)\}$; **c)** $x = 3$; $y = 7$; $L = \{(3\,|\,7)\}$;
d) $x = 1$; $y = -2$; $L = \{(1\,|\,-2)\}$; **e)** $x = 25$; $y = -11{,}5$;
$L = \{(25\,|\,-11{,}5)\}$; **f)** $x = 2\frac{2}{3}$; $y = -1\frac{2}{3}$; $L = \{(2\frac{2}{3}\,|\,-1\frac{2}{3})\}$

ÜBUNG 10 **S. 48**

$x = -2$; $y = -3$; $L = \{(-2\,|\,-3)\}$

ÜBUNG 11 **S. 49**

$L = \{(1\,|\,-2\,|\,-1)\}$

ÜBUNG 12 **S. 49**

a) $L = \{(-1\,|\,0\,|\,1)\}$; **b)** $L = \{(2\,|\,6\,|\,-4)\}$

ÜBUNG 13 **S. 51**

c) 2 Variablen
d) Lilie
e) + f) $5x + 3y = 9{,}90$
g) $x = 1{,}5$; $y = 0{,}80$
h) Eine Anemone kostet 1,50 €. Eine Lilie kostet
0,80 €.
(I) $3 \cdot 1{,}5\ € + 5 \cdot 0{,}80\ € = 8{,}50\ €$
(II) $5 \cdot 1{,}5\ € + 3 \cdot 0{,}80\ € = 9{,}90\ €$

ÜBUNG 14 **S. 52**

In dem Hotel gibt es 28 Einzelzimmer
und 48 Doppelzimmer.

ÜBUNG 15 **S. 52**

Auf der Wiese von Bauer Schneider
weiden 31 Gänse und 14 Ziegen.

ÜBUNG 16 **S. 52**

Der Radius des kleineren Zahnrades beträgt
12 cm, der des größeren 96 cm.

ÜBUNG 17 **S. 52**

Luca hat das Eurostar 12-mal besucht, das Metro
dagegen nur 3-mal.

ÜBUNG 18 **S. 52**

Michi erhält 52 € und Katja 41,25 €.

ÜBUNG 19 **S. 52**

Emma muss ca. 0,044 Liter Vollmilch mit
0,156 Liter Magermilch mischen.

ÜBUNG 20 **S. 52**

Durch die erste Leitung fließen 16 Liter, durch
die zweite 20 Liter pro Minute

Klassenarbeiten

AUFGABE 1 **S. 53**

a) $x = 2$; $y = 1$; **b)** $x = -1$; $y = 3$;
c) $x = -2$; $y = 0$

AUFGABE 2 **S. 53**

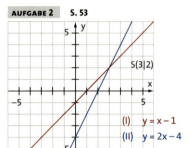

(I) $y = x - 1$
(II) $y = 2x - 4$

Das LGS hat eine Lösung $L = \{(3\,|\,2)\}$.

AUFGABE 3 **S. 53**

a) $y = \frac{1}{4}x + 4$; **b)** $2y = 4x - 6$; **c)** $y = 2x + 3$

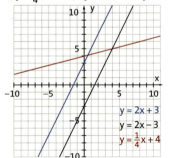

$y = 2x + 3$
$y = 2x - 3$
$y = \frac{1}{4}x + 4$

AUFGABE 4 S. 53

Frau Fröhlich pflanzt sieben Rosensträucher und fünf Jasminsträucher.

AUFGABE 5 S. 53

Die Steigung der beiden Geraden muss gleich sein, dann sind die Geraden parallel, d.h., es gibt keinen Schnittpunkt und somit ist das LGS nicht lösbar (L = { }).
a) (I) 4y = **8**x − 6; **b)** (I) 3x − **1,5**y = 0,5

AUFGABE 6 S. 53

Geschwindigkeit des Flugzeugs bei Windstille:	x
Windgeschwindigkeit:	y

Geschwindigkeit Hinflug:	$x - y = \frac{180\,km}{50\,Minuten}$
(Beachte: Es herrscht Gegenwind!)	= 3,6 km pro Minute
	= 216 km pro Stunde
Geschwindigkeit Rückflug:	$x + y = \frac{180\,km}{45\,Minuten}$
(Beachte: Es herrscht Rückenwind!)	= 4 km pro Minute
	= 240 km pro Stunde

Die Windgeschwindigkeit beträgt $12\,\frac{km}{h}$.
Das Flugzeug würde bei Windstille mit einer Geschwindigkeit von $228\,\frac{km}{h}$ fliegen.

AUFGABE 7 S. 53

	Lebenserwartungen	Alter der ... 160 Jahre vor dem Ableben
Plalatinen	p	p − 160
Orianen	o	o − 160

Orianen werden 80 Jahre älter als Plalatinen.	o = p + 80
160 Jahre vor dem Ableben sind die Orianen doppelt so alt wie die Plalatinen (160 Jahre vor ihrem Ableben).	(o − 160) = 2(p − 160)

Die Lebenserwartung der Orianen beträgt 320 Jahre, die der Plalatinen 240 Jahre.

AUFGABE 8 S. 54

a) L = {(1|3)}; **b)** L = { }

AUFGABE 9 S. 54

a) Gleichung (I) lässt sich umformen zu y = 1,5x − 2, was der Gleichung der Geraden entspricht.
b) 3 · 20 − 2 · 28 = 4, also ist (20 | 28) eine Lösung der Gleichung.
c) Jede Gleichung einer Geraden, die durch (2 | 1) geht, erfüllt diese Bedingung, also z. B. y = 1; x = 2; y = 0,5x ...
d) Jede Gleichung einer Geraden, die parallel zur Geraden von (I) ist (aber nicht identisch mit ihr), erfüllt diese Bedingung, also 3x − 2y = c mit c ≠ 4.

AUFGABE 10 S. 54

Für ein Telefonat unter 95 Minuten ist Tarif 2 günstiger, über 95 Minuten Tarif 1. Telefoniert man genau 95 Minuten, kostet dies in beiden Tarifen 23,75 €.

AUFGABE 11 S. 54

Erwachsene zahlen 5,25 €, Kinder 3,75 €.

AUFGABE 12 S. 54

Ja, alle drei Punkte liegen auf der Geraden mit der Gleichung y = −0,5x + 1,5.

AUFGABE 13 S. 55

a)

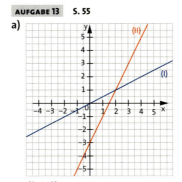

L = {(2 | 1)}

b)

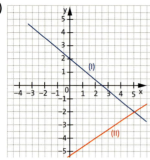

$L = \{(5\,|-2)\}$

AUFGABE 14   S. 55
a) und b)

AUFGABE 15   S. 55
a)

Leitung	Zeit in Minuten					
1	0	1	2	3	4	5
2	40	36	32	28	24	20

Leitung	Zeit in Minuten				
1	6	7	8	9	10
2	16	12	8	4	0

b) $2x + 0{,}5y = 20$

c)

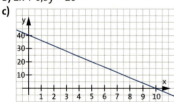

AUFGABE 16   S. 55
Ein Brötchen kostet 55 ct, eine Brezel 70 ct.

4 Wurzeln und quadratische Gleichungen

ÜBUNG 1   S. 57
a) 2; **b)** 1; **c)** 13; **d)** nicht definiert; **e)** 2,5; **f)** 0;
g) 20; **h)** 200; **i)** 2000; **j)** 0,4; **k)** 0,04; **l)** 3

ÜBUNG 2   S. 57

	$\sqrt{121} = 11$	0	$-\sqrt{13}$	$-\frac{3}{2}$
natürliche Z.	X	(X)		
ganze Z.	X	X		
rationale Z.	X	X		X
irrationale Z.			X	
reelle Z.	X	X	X	X

	$0{,}\overline{3}$	$-2{,}3$	19	$\sqrt{\frac{100}{49}}$	$\sqrt{0}$
natürliche Z.			X		(X)
ganze Z.			X		X
rationale Z.	X	X	X	X	X
irrationale Z.					
reelle Z.	X	X	X	X	X

ÜBUNG 3   S. 57
a) $\approx 6{,}325$; **b)** $\approx 63{,}246$; **c)** $\approx 632{,}456$;
d) 0,02; **e)** 0; **f)** $\approx 41{,}110$

ÜBUNG 4   S. 58
a) $\sqrt{11} < \frac{7}{2}$, denn $11 < \frac{49}{4}$
b) $\frac{5}{2} < \sqrt{7}$, denn $\frac{25}{4} < 7$
c) $\sqrt{8} > \sqrt{7}$, denn $8 > 7$
d) $7{,}6 > \sqrt{49{,}36}$, denn $57{,}76 > 49{,}36$
e) $\sqrt{51{,}25} < 12{,}5$, denn $51{,}25 < 156{,}25$

ÜBUNG 5   S. 58
$\sqrt{\frac{2}{3}} > \sqrt{0{,}5} > 0{,}67 > 0{,}6667 > \frac{2}{3} > 0{,}66666666 > -\frac{7}{9}$

ÜBUNG 6   S. 58
a) 3; **b)** 3; **c)** nicht definiert; **d)** -3; **e)** 7; **f)** a

ÜBUNG 7   S. 58
a) 1; **b)** 5; **c)** 12; **d)** 12; **e)** $\frac{4}{3}$; **f)** $\frac{4}{3}$; **g)** 0,13; **h)** $\frac{1}{15}$; **i)** $\frac{2a}{b}$;
j) $7 \cdot \sqrt{x-y}$; **k)** 4xy; **l)** $8 \cdot \sqrt{9 \cdot 3} + 5 \cdot \sqrt{3} = 29 \cdot \sqrt{3}$

ÜBUNG 8   S. 58

a) $\dfrac{7}{\sqrt{13}\cdot 5} = \dfrac{7\cdot\sqrt{13}}{13\cdot 5} = \dfrac{7\cdot\sqrt{13}}{65}$

b) $\dfrac{12x}{\sqrt{x}\cdot 7} = \dfrac{12\sqrt{x}}{7}$

c) $\dfrac{132x}{\sqrt{12x}} = 22\sqrt{3x}$

d) $\dfrac{\sqrt{3x}+1}{\sqrt{7x}} = \dfrac{\sqrt{21}\,x + \sqrt{7x}}{7x}$

e) $\sqrt{\dfrac{2}{3x}} = \dfrac{\sqrt{2}}{\sqrt{3x}} = \dfrac{\sqrt{6x}}{3x}$

f) $\dfrac{5}{\sqrt{x}-5} = \dfrac{5}{\sqrt{x}-5}\cdot\dfrac{\sqrt{x}+5}{\sqrt{x}+5} = \dfrac{5\sqrt{x}+25}{x-25}$

ÜBUNG 9   S. 58

a) $3\cdot\sqrt{11} - 11 - 5\cdot\sqrt{11} + 5 + 3\cdot\sqrt{11}$
$= 1\cdot\sqrt{11} - 6 = \sqrt{11} - 6$

b) $2\cdot\sqrt{3} - 11\cdot\sqrt{2} - 5\cdot\sqrt{2} + 5 + 3\cdot\sqrt{3}$
$= 5\cdot\sqrt{3} - 16\cdot\sqrt{2} + 5$

c) $17\cdot\sqrt{x} - 17 + \sqrt{x} - 18\cdot\sqrt{x} + 17$ mit $x > 0$
$= 0 + 0 = 0$

d) $2\cdot\sqrt{y} - 11\cdot\sqrt{x} - 5\cdot\sqrt{y} + 5 + 13\cdot\sqrt{x}$ mit $x, y > 0$
$= -3\cdot\sqrt{y} + 2\cdot\sqrt{x} + 5$

ÜBUNG 10   S. 59

a) $D = \left\{x \mid x \geq \dfrac{4}{5}\right\}$

b) $4 - 3x \geq 0 \Rightarrow 4 \geq 3x$; $D = \left\{x \mid x \leq \dfrac{4}{3}\right\}$

c) $D = \left\{x \mid x \geq \dfrac{1}{4}\right\}$

d) $\dfrac{3}{8}x + \dfrac{5}{4} \geq 0 \Rightarrow -\dfrac{5}{4}\cdot\dfrac{8}{3} = -\dfrac{10}{3}$, $D = \left\{x \mid x \geq -\dfrac{10}{3}\right\}$

e) $x^2 + 0{,}2 \geq 0$ gilt für alle x, daher muss die Definitionsmenge nicht eingeschränkt werden: $D = \mathbb{R}$ (Die Definitionsmenge ist die Menge der reellen Zahlen.)

f) $x^2 - 1 \geq 0 \Leftrightarrow x^2 \geq 1$; $D = \{x \mid x \geq 1 \text{ oder } x \leq -1\}$

ÜBUNG 11   S. 59

a) 18

b) 20

c) 3

d) $D = \{x \mid x \geq 0\}$; $(\sqrt{3x}+\sqrt{27x})^2$
$= 3x + 2\cdot\sqrt{3x\cdot 27x} + 27x = 48x$

e) $(\sqrt{13}+\sqrt{11})\cdot(\sqrt{13}-\sqrt{11}) = 13 - 11 = 2$

f) $D = \{(x,y)\mid x \geq 0 \text{ und } y \geq 0\}$;
$(\sqrt{x}-\sqrt{y})\cdot(\sqrt{x}+\sqrt{y}) = x - y$

g) $D = \left\{x \mid x \geq -\dfrac{1}{2}\right\}$;
$(\sqrt{(2x+1)}+\sqrt{3})\cdot(\sqrt{(2x+1)}-\sqrt{3}) = (2x+1) - 3$
$= 2x - 2$

ÜBUNG 12   S. 60

a) $A_G = 16\,\text{cm}^2$

b) $b = \dfrac{16}{5}\,\text{cm} = 3{,}2\,\text{cm}$

c) $a^2 = 16\,\text{cm}^2 \Rightarrow a = \sqrt{16}\,\text{cm} = 4\,\text{cm}$

ÜBUNG 13   S. 60

$A = 48\,\text{cm}^2$

1. Schritt: $6 = \sqrt{36} \leq \sqrt{48} \leq \sqrt{49} = 7$

2. Schritt: $a_0 = 6{,}8\,\text{cm}$, $b_0 = \dfrac{48}{6{,}8}\,\text{cm} \approx 7{,}0588\,\text{cm}$

3. Schritt: $a_1 \approx \dfrac{6{,}8 + 7{,}0588}{2}\,\text{cm} \approx 6{,}9294\,\text{cm}$

$b_1 \approx \dfrac{48}{6{,}9294}\,\text{cm} \approx 6{,}9270\,\text{cm}$

4. Schritt: $a_2 \approx \dfrac{6{,}9294 + 6{,}9270}{2}\,\text{cm} \approx 6{,}9282\,\text{cm}$

$b_2 \approx \dfrac{48}{6{,}9282}\,\text{cm} \approx 6{,}9282\,\text{cm}$

ÜBUNG 14   S. 62

a)

x	$f_1(x) = x^2$	$f_2(x) = \frac{1}{2}x^2$	$f_3(x) = 2x^2$
-4	16	8	32
$-3,5$	12,25	6,125	24,5
-3	9	4,5	18
$-2,5$	6,25	3,125	12,5
-2	4	2	8
$-1,5$	2,25	1,125	4,5
-1	1	0,5	2
$-0,5$	0,25	0,125	0,5
-0	0	0	0
$0,5$	0,25	0,125	0,5
1	1	0,5	2
$1,5$	2,25	1,125	4,5
2	4	2	8
$2,5$	6,25	3,125	12,5
3	9	4,5	18
$3,5$	12,25	6,125	24,5
4	16	8	32

b)

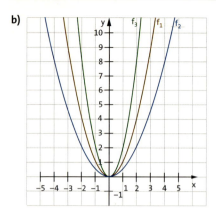

ÜBUNG 15   S. 62

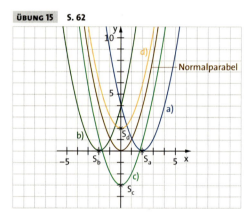

ÜBUNG 16   S. 62

a) Der Graph ist nach unten geöffnet und weiter als die NP (gestaucht).

b) Der Graph ist nach oben geöffnet und enger als die NP (gestreckt).

c) Der Graph ist nach oben geöffnet und weiter als die NP (gestaucht).

d) Der Graph ist nach unten geöffnet und enger als die NP (gestreckt).

e) Der Graph ist nach oben geöffnet und weiter als die NP (gestaucht).

ÜBUNG 17   S. 62

a) $f_a(x) = x^2 + 1$
b) $f_b(x) = (x + 3)^2 - 3$
c) $f_c(x) = -(x - 2)^2 + 1$
d) $f_d(x) = -(x - 4)^2 - 1$

ÜBUNG 18   S. 63

a) $f(2) = 14$: $P_a(2 \,|\, 10)$ liegt nicht auf dem Graphen.
b) $f(3) = 31,5$: $P_b(3 \,|\, 31,5)$ liegt auf dem Graphen.
c) $f(2,8) = 27,44$: $P_c(2,8 \,|\, 27,44)$ liegt auf dem Graphen.

ÜBUNG 19   S. 63

a) $S(0 \,|\, 0)$; der Graph ist nach oben geöffnet und (gegenüber der NP) nicht verschoben. Der Graph ist enger als die NP (gestreckt).

b) $S(0 \,|\, -2)$; der Graph ist nach oben geöffnet und (gegenüber der NP) um 2 nach unten verschoben. Der Graph ist weiter als die NP (gestaucht).

c) $S(1 \,|\, -4)$; der Graph ist nach unten geöffnet und (gegenüber der NP) um 1 nach rechts und um 4 nach unten verschoben. Der Graph ist enger als die NP (gestreckt).

d) $S(0 \,|\, 0,5)$; der Graph ist nach unten geöffnet und (gegenüber der NP) um 0,5 nach oben verschoben. Der Graph ist weiter als die NP (gestaucht).

ÜBUNG 20   S. 63

a) $x^2 + 8x + 14 = x^2 + 2 \cdot 4 \cdot x + 4^2 - 4^2 + 14$
$= (x + 4)^2 - 16 + 14 = (x + 4)^2 - 2$
b) $x^2 - 6x + 14 = x^2 - 2 \cdot 3 \cdot x + 3^2 - 3^2 + 14$
$= (x - 3)^2 - 9 + 14 = (x - 3)^2 + 5$

ÜBUNG 21 S. 63

a) $S(2,5\,|\,3)$

b) $f_b(x) = x^2 - 2x + 1 - 1 + 3 = (x-1)^2 + 2; S(1\,|\,2)$

c) $f_c(x) = (x-1,5)^2; S(1,5\,|\,0)$

d) $f_d(x) = \frac{1}{2}x^2 + 4x + 8 = \frac{1}{2} \cdot (x^2 + 8x + 16)$

$= \frac{1}{2} \cdot (x+4)^2; S(-4\,|\,0)$

Die Graphen zu f_a, f_b, f_c, f_d:

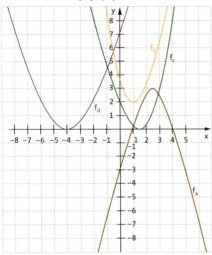

ÜBUNG 22 S. 65

a) $L = \{-9; 9\}$

b) $L = \{-13; 13\}$

c) $L = \{-5; 5\}$

d) $x^2 = -144; L = \{\}$

e) $L = \{-3; 3\}$

f) $(x+7)^2 - 3 = 1 \Leftrightarrow (x+7)^2 = 4 \Leftrightarrow x+7 = -2$ oder $x+7 = 2; L = \{-9; -5\}$

g) $2x - 5 = 4$ oder $2x - 5 = -4; L = \{4,5; 0,5\}$

h) $5 - x = 1,6$ oder $5 - x = -1,6; L = \{3,4; 6,6\}$

i) $7 \cdot (x+2)^2 = -0,5; L = \{\}$

ÜBUNG 23 S. 65

a) $L = \{0; 5\}$

b) $L = \{0,5; 0\}$

c) $L = \{-2; 0\}$

ÜBUNG 24 S. 65

a) $(x+8)^2 = 0; L = \{-8\}$

b) $(x-9)^2 = 0; L = \{9\}$

c) $5(x-1)^2 = 0; L = \{1\}$

ÜBUNG 25 S. 65

a) $a < 0$; **b)** $a = 0$; **c)** $a > 0$

ÜBUNG 26 S. 65

lineare Funktion	Schnittstellen des Graphen mit dem von $f(x) = x^2$	Lösung der quadr. Gleichung
a) $g_a(x) = 9$	$x_{a_1} = -3$ $x_{a_2} = 3$	$L_a = \{-3; 3\}$
b) $g_b(x) = 2x$	$x_{b_1} = 2$ $x_{b_2} = 0$	$L_b = \{2; 0\}$
c) $g_c(x) = x + 6$	$x_{c_1} = -2$ $x_{c_2} = 3$	$L_c = \{-2; 3\}$
d) $g_d(x) = -1,5x + 1$	$x_{d_1} = -2$ $x_{d_2} = 0,5$	$L_d = \{-2; 0,5\}$
e) $g_e(x) = -0,5x + 1,5$	$x_{e_1} = -1,5$ $x_{e_2} = 1$	$L_e = \{-1,5; 1\}$
f) $g_f(x) = -x + 3,75$	$x_{f_1} = 1,5$ $x_{f_2} = -2,5$	$L_f = \{1,5; -2,5\}$

ÜBUNG 27 S. 66

a) $x^2 - 10x - 24 = 0; p = -10; q = -24$

$x_1 = 5 + \sqrt{5^2 + 24}; x_2 = 5 - \sqrt{5^2 + 24}$

$x_1 = 12; x_2 = -2$

b) $3x^2 + 24x - 60 = 0$; in die Normalform bringen:

$x^2 + 8x - 20 = 0; p = 8; q = -20$

$x_1 = -4 + \sqrt{4^2 + 20}; x_2 = -4 - \sqrt{4^2 + 20}$

$L = \{2; -10\}$

c) $-4x^2 + 4x = -3$; in die Normalform bringen:

$x^2 + x - 0,75 = 0; p = 1; q = -0,75$

$x_1 = -0,5 + \sqrt{0,5^2 + 0,75}; x_2 = -0,5 - \sqrt{0,5^2 + 0,75}$

$L = \{0,5; -1,5\}$

d) $x^2 + \frac{5}{3}x - \frac{14}{9} = 0$; $p = \frac{5}{3}$; $q = -\frac{14}{9}$

$x_1 = -\frac{5}{6} + \sqrt{\left(\frac{5}{6}\right)^2 + \frac{14}{9}} = -\frac{5}{6} + \sqrt{\frac{25}{36} + \frac{56}{36}}$;

$x_2 = -\frac{5}{6} - \sqrt{\left(\frac{5}{6}\right)^2 + \frac{14}{9}} = -\frac{5}{6} - \sqrt{\frac{25}{36} + \frac{56}{36}}$;

$L = \left\{\frac{2}{3}; -\frac{7}{3}\right\}$

e) $\frac{1}{2}x^2 - \frac{3}{20}x = \frac{1}{5}$; in die Normalform bringen:

$x^2 - \frac{3}{10}x - \frac{2}{5} = 0$; $p = -\frac{3}{10}$; $q = -\frac{2}{5}$

$x_1 = \frac{3}{20} + \sqrt{\left(\frac{3}{20}\right)^2 + \frac{2}{5}} = \frac{3}{20} + \sqrt{\frac{9}{400} + \frac{160}{400}}$;

$x_2 = \frac{3}{20} - \sqrt{\left(\frac{3}{20}\right)^2 + \frac{2}{5}} = \frac{3}{20} - \sqrt{\frac{9}{400} + \frac{160}{400}}$;

$L = \left\{\frac{4}{5}; -\frac{1}{2}\right\}$

f) $2x^2 = 6x - 32$; in die Normalform bringen:

$x^2 - 3x + 16 = 0$; $p = -3$; $q = 16$

$x_1 = \frac{3}{2} + \sqrt{\left(\frac{3}{2}\right)^2 - 16} = \frac{3}{2} + \sqrt{\frac{9}{4} - \frac{64}{4}} = \frac{3}{2} + \sqrt{-\frac{55}{4}}$;

$x_2 = \frac{3}{2} - \sqrt{\left(\frac{3}{2}\right)^2 - 16} = \frac{3}{2} - \sqrt{\frac{9}{4} - \frac{64}{4}} = \frac{3}{2} - \sqrt{-\frac{55}{4}}$;

Die Rechnung führt auf eine Wurzel aus einer negativen Zahl; die Gleichung ist nicht lösbar.

ÜBUNG 28 S. 66

a) Grundstücksbreite: x; Grundstückslänge: 2x;
Fläche: $x \cdot 2x = 2x^2 = 968$ m²; $x^2 = 484$ m²;
$x = 22$ m
Das Grundstück wäre 22 m breit und 44 m lang.
b) Länge: x; Breite: x – 10 m;
Fläche: $x \cdot (x - 10$ m$) = x^2 - 10$ m $\cdot x = 704$ m²
Normalform: $x^2 - 10x - 704 = 0$
$x_1 = 5 + \sqrt{5^2 + 704} = 5 + 27$;
$x_2 = 5 - \sqrt{5^2 + 704} = 5 - 27$;
$x_1 = 32$ (Die zweite Lösung $x_2 = -22$ ist nicht sinnvoll, da es keine negativen Längen gibt.)
Das Grundstück ist also 32 m lang und
32 m – 10 m = 22 m breit. Damit ist Frau Gärtner nicht zufrieden, da 32 nicht das Doppelte von 22 ist.

c) Breite: x; Länge: 2x – 8 m;
Fläche: $x \cdot (2x - 8$ m$) = 640$ m²;
Gleichung: $2x^2 - 8x - 640 = 0$;
Normalform: $x^2 - 4x - 320 = 0$
$x_1 = 2 + \sqrt{2^2 + 320} = 2 + \sqrt{324} = 20$
(Die zweite Lösung lautet $x_2 = -16$ und ist nicht sinnvoll, da es keine negativen Längen gibt.)
Das Grundstück müsste 18 m breit und
2 · 18 m – 8 m = 28 m lang sein.

Klassenarbeiten

AUFGABE 1   S. 67

f_c

AUFGABE 2   S. 67

Mögliche Lösungen:

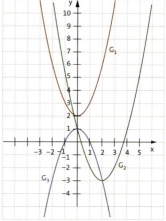

a) G_1 und G_3 schneiden sich nicht.
b) G_1 und G_2 haben genau einen Schnittpunkt.
c) G_2 und G_3 haben zwei Schnittpunkte.
d) Diesen Fall gibt es nicht.

AUFGABE 3   **S. 67**

$f(x) = 2 \cdot (x^2 - 12x + 36) = 2 \cdot (x - 6)^2; S(6|0)$

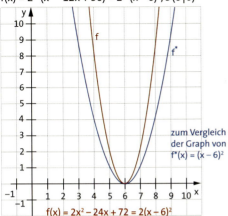

zum Vergleich
der Graph von
$f^*(x) = (x - 6)^2$

$f(x) = 2x^2 - 24x + 72 = 2(x - 6)^2$

AUFGABE 4   **S. 67**

a) $L = \{-12; 0\}$; **b)** $L = \{0,5; -0,5\}$;
c) $L = \{5,5; 8,5\}$; **d)** $L = \{-2; 2\}$; **e)** $L = \{0; 0,5\}$;
f) $L = \{12\}$

AUFGABE 5   **S. 67**

$f(x) = x^2$

a) $g_a(x) = -2x + 3$; **b)** $g_b(x) = x + 6$; **c)** $g_c(x) = 4x - 5$
Die zugehörigen Graphen sehen wie folgt aus:

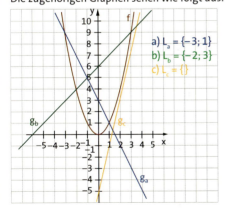

a) $L_a = \{-3; 1\}$
b) $L_b = \{-2; 3\}$
c) $L_c = \{\}$

AUFGABE 6   **S. 67**

a) $2\sqrt{x} - 3$; **b)** $3\sqrt{5x} + 4$; **c)** $27\sqrt{x} - 9\sqrt{y}$;
d) $(\sqrt{8x} + \sqrt{3y}) \cdot \sqrt{6y} = \sqrt{48xy} + \sqrt{18y2}$
$= 4 \cdot \sqrt{3xy} + 3y\sqrt{2}$

AUFGABE 7   **S. 67**

a) 50; **b)** 19,2; **c)** $7 - (11 + x) = -4 - x$

AUFGABE 8   **S. 67**

$\sqrt{143} \approx 11,958$

AUFGABE 9   **S. 68**

a) und **b)**

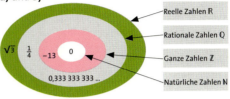

Reelle Zahlen ℝ

Rationale Zahlen ℚ

Ganze Zahlen ℤ

Natürliche Zahlen ℕ

$\sqrt{3}$ $\frac{1}{4}$ -13 0

$0,333\ 333\ 333\ ...$

AUFGABE 10   **S. 68**

a) $4\sqrt{5}$; **b)** $\frac{5}{12}$; **c)** 1100; **d)** $7|x|$; **e)** $-\sqrt{7}$

AUFGABE 11   **S. 68**

a) $f(x) = (x + 2)^2 - 3 = x^2 + 4x + 1; S(-2|-3);$
$N_1(-3,73|0); N_2(-0,27|0)$
b) $f(x) = -x^2 + 4; S(0|4); N_1(-2|0); N_2(2|0)$
c) $f(x) = 2(x - 5)^2 = 2x^2 - 20x + 50; S(5|0); N(5|0)$

AUFGABE 12   **S. 68**

a) $L = \{-7; 7\}$; **b)** $L = \{-1; 3\}$; **c)** $L = \{-2; 7\}$; **d)** $L = \{1\}$

AUFGABE 13   **S. 68**

a) $S(0|11)$; **b)** $S(1|-4)$; **c)** $S(2,5|-40,5)$; **d)** $S(1|0)$

AUFGABE 14   **S. 68**

Die Aussage von Mitch ist falsch; wenn man den
Scheitelpunkt kennt, weiß man noch nicht, ob
die Parabel nach oben oder nach unten geöffnet
ist und wie weit bzw. wie eng sie ist (bzw. ob sie
gestreckt oder gestaucht ist).
Kyles Aussage ist ebenfalls falsch. Hier fehlt noch
die Angabe, ob die Parabel nach oben oder nach
unten geöffnet ist und wo der Scheitelpunkt
liegt.

5 Gebrochenrationale Funktionen

b) Beachte: $f(x) = \dfrac{4x + 2}{2x + 1} = 2$, wobei $D_f = \mathbb{Q} \setminus \{-0,5\}$

a) 25; **b)** $\dfrac{1}{25}$; **c)** $\dfrac{1}{100\,000} = 0,00001$; **d)** $\dfrac{1}{b^5}$;

e) $\dfrac{1}{2x} = \dfrac{0,5}{x}$; **f)** $\dfrac{1}{(2x)^3}$

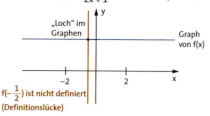

"Loch" im Graphen

Graph von f(x)

$f(-\tfrac{1}{2})$ ist nicht definiert (Definitionslücke)

a) $D_f = \mathbb{Q} \setminus \{0\}$; **b)** $D_f = \mathbb{Q} \setminus \{0\}$; **c)** $D_f = \mathbb{Q} \setminus \{2\}$;
d) $D_f = \mathbb{Q} \setminus \{-1,5\}$; **e)** $D_f = \mathbb{Q} \setminus \{-1; 8\}$

a) $D_{f_1} = \mathbb{Q} \setminus \{-1\}$; $D_{f_2} = \mathbb{Q} \setminus \{0\}$

a)

x	f(x)
−2	2,80
−1	2,67
0,0	2,00
0,2	1,33
0,4	−2,00
0,5	nicht definiert
0,6	8,00
0,8	4,67
1,0	4,00
2,0	3,33
3,0	3,20
4,0	3,14

b)

x	f(x)
−2	2
−1	2
−0,8	2
−0,7	2
−0,6	2
−0,55	2
−0,5	nicht definiert
−0,4	2
0	2
99	2

b)

x	$f_1(x)$	$f_2(x)$
−2	1,00	0,25
−1,5	0,00	0,44
−1,2	−3,00	0,69
−1	nicht definiert	1,00
−0,8	7,00	1,56
−0,5	4,00	4,00
−0,2	3,25	25,00
0	3,00	nicht definiert
0,2	2,83	25,00
0,5	2,67	4,00
1	2,50	1,00
2	2,33	0,25
3	2,25	0,11

a) $D_f = \mathbb{Q} \setminus \{0,5\}$

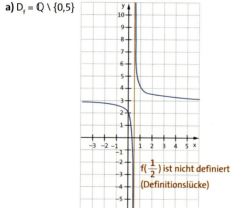

$f(\tfrac{1}{2})$ ist nicht definiert (Definitionslücke)

c) Abgelesene Schnittpunkte:

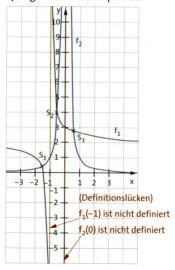

(Definitionslücken)
$f_1(-1)$ ist nicht definiert
$f_2(0)$ ist nicht definiert

d) Abgelesene Schnittpunkte:
$S_1(-1,6\,|\,0,4)$; $S_2(-0,5\,|\,4)$; $S_3(0,6\,|\,2,6)$
Diese Werte können – je nachdem, wie genau gezeichnet wurde – etwas abweichen.

ÜBUNG 5 S. 72

a) + d)

	Definitionsbereich	Schnittpunkt
I.	$D_{f1} = \mathbb{Q}\setminus\{-4\}$, $D_{f2} = \mathbb{Q}\setminus\{4\}$	$S_I(0\,|\,1,25)$
II.	$D_{f1} = \mathbb{Q}\setminus\{2\}$, $D_{f2} = \mathbb{Q}\setminus\{-4\}$	$S_{II}(-1\,|\,1,3)$

b)

	I.		II.	
x	$f_1(x)$	$f_2(x)$	$f_1(x)$	$f_2(x)$
−3	−4	2	0,8	4
−2	−0,5	1,83	1	2
−1	0,67	1,6	1,33	1,33
0	1,25	1,25	2	1
1	1,6	0,67	4	0,8
2	1,83	−0,5	n. d.	0,67
3	2	−4	−4	0,57
4	2,13	n. d.	−2	0,5
5	2,22	10	−1,33	0,44
6	2,3	6,5	−1	0,4
7	2,36	5,33	−0,8	0,36

Beachte: Wir können nur Aussagen über den gezeichneten Ausschnitt machen. Ob außerhalb des gezeichneten Ausschnitts weitere Schnittpunkte liegen, bleibt zur Zeit noch offen.

c)

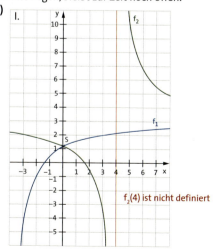

$f_2(4)$ ist nicht definiert

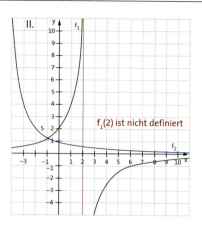

$f_1(2)$ ist nicht definiert

ÜBUNG 6 S. 74

a) $\dfrac{x+3}{5x}$; **b)** $\dfrac{x+1}{x} = 1 + \dfrac{1}{x}$; **c)** $\dfrac{7+x}{x} = \dfrac{7}{x} + 1$; **d)** $\dfrac{4+2x}{3a}$

ÜBUNG 7 S. 74

$\dfrac{x}{2} + \dfrac{2}{x}$ mit $x \neq 0$ gleicht keinem der anderen Terme; $\dfrac{x+2}{2+x} = 1$ für $x \neq -2$; $\dfrac{x\cdot(x+1)}{x^2} = \dfrac{x^2+x}{x^2}$
$= \dfrac{x+1}{x} = 1 + \dfrac{1}{x}$ für $x \neq 0$

ÜBUNG 8 S. 74

a) $f(x) = \dfrac{8}{x}$ mit $D_f = \mathbb{Q}\setminus\{0\}$

b) $f(x) = \dfrac{11}{3x}$ mit $D_f = \mathbb{Q}\setminus\{0\}$

c) $f(x) = \dfrac{3}{2}$ mit $D_f = \mathbb{Q}\setminus\{0\}$

d) $f(x) = \dfrac{2x^2 - 14x}{x^2 - 4}$ mit $D_f = \mathbb{Q}\setminus\{-2;2\}$

e) $f(x) = \dfrac{x}{x+3}$ mit $D_f = \mathbb{Q}\setminus\{-3\}$

f) $f(x) = \dfrac{(x-5)}{(x+5)}$ mit $D_f = \mathbb{Q}\setminus\{0;-5\}$

ÜBUNG 9 S. 75

a) $f(x) = x + 2$ mit $D_f = \mathbb{Q}\setminus\{-2\}$
b) $f(x) = x - 3$ mit $D_f = \mathbb{Q}\setminus\{3\}$
c) $f(x) = \dfrac{1}{x-5}$ mit $D_f = \mathbb{Q}\setminus\{-5;5\}$
d) $f(x) = \dfrac{1}{x+7}$ mit $D_f = \mathbb{Q}\setminus\{-7;7\}$

ÜBUNG 10   S. 75

a) $f_1(x) = f_2(x) = f_3(x) = f_4(x)$ mit
$D_1 = D_2 = D_3 = D_4 = \mathbb{Q} \setminus \{0\}$

b) und c)

x	f(x)
−5	1,6
−4	1,75
−3	2
−2	2,5
−1	4
0	nicht definiert
1	−2
2	−0,5
3	0
4	0,25
5	0,4

$$f_1(x) = \frac{7x - 21}{7x}$$
$$= \frac{7(x-3)}{7x} = \frac{x-3}{x}$$
$$= 1 - \frac{3}{x} = f_2(x)$$

$$f_3(x) = \frac{-4x + 12}{-4x}$$
$$= \frac{-4(x-3)}{-4x} = \frac{x-3}{x}$$
$$= 1 - \frac{3}{x} = f_2(x)$$

$$f_4(x) = \frac{9 - 3x}{-3x} = \frac{-3(-3 + x)}{-3x}$$
$$= \frac{-3 + x}{x} = \frac{x-3}{x}$$
$$= 1 - \frac{3}{x} = f_2(x)$$

ÜBUNG 11   S. 75

	D_1	D_2	Schnittpunkt
a)	$D_1 = \mathbb{Q} \setminus \{2\}$	$D_2 = \mathbb{Q} \setminus \{-4\}$	$S\left(-1 \mid \frac{4}{3}\right)$
b)	$D_1 = \mathbb{Q} \setminus \{3\}$	$D_2 = \mathbb{Q} \setminus \{3\}$	ungefähr: $S_1(-11 \mid 0,16)$ $S_2(0 \mid 0)$
c)	$D_1 = \mathbb{Q} \setminus \{0\}$	$D_2 = \mathbb{Q} \setminus \{0\}$	$S(11 \mid -1)$
d)	$D_1 = \mathbb{Q} \setminus \{-5; 5\}$	$D_2 = \mathbb{Q} \setminus \{5\}$	Es gibt keinen Schnittpunkt.

Klassenarbeiten

AUFGABE 1   S. 76

a) $f(x) = x^{-1} + \frac{x+5}{2x} = \frac{2 \cdot 1}{2 \cdot x} + \frac{x+5}{2x} = \frac{x+7}{2x}$

b) $f(x) = (2x)^{-1} + x^{-1} = \frac{1}{2x} + \frac{1 \cdot 2}{x \cdot 2} = \frac{3}{2x}$

c) $f(x) = \frac{x-5}{x^2 - 10x + 25} = \frac{x-5}{(x-5)^2} = \frac{1}{x-5}$

d) $f(x) = \frac{4-x}{16 - x^2} = \frac{4-x}{(4+x) \cdot (4-x)} = \frac{1}{4+x}$

AUFGABE 2   S. 76

a) $D_1 = \mathbb{Q} \setminus \{4\}$; $D_2 = \mathbb{Q} \setminus \{0\}$

b)

x	$f_1(x)$	$f_2(x)$
−5	1,11	2,30
−4	1,00	2,38
−3	0,86	2,50
−2	0,67	2,75
−1	0,4	3,50
−0,5		5,00
−0,3		7,00
−0,1		17,00
0	0,00	nicht definiert
0,1		−13,00
0,3		−3,00
0,5		−1,00
1	−0,67	0,50
2	−2,00	1,25
3	−6,00	1,50
3,2	−8,00	
3,4	−11,33	
3,5	−14,00	
4	nicht definiert	1,63
4,5	18,00	
4,7	13,43	
4,8	12,00	
5	10	1,7

c)

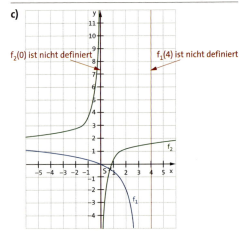

$f_2(0)$ ist nicht definiert

$f_1(4)$ ist nicht definiert

d) Der Schnittpunkt ist $S\left(\frac{12}{19}\mid -\frac{3}{8}\right)$.

Diesen hast du bestimmt nicht abgelesen, denn die zeichnerische Lösung liefert oft nur grobe Näherungswerte. Zudem musst du dir hierbei immer wieder bewusst machen, dass du nur die Schnittpunkte des gezeichneten Ausschnittes ablesen kannst. Wie der Graph weiter verläuft, weißt du nicht.

AUFGABE 3 S. 76

a) I: $D_1 = \mathbb{Q}\setminus\{-4\}$; $D_2 = \mathbb{Q}\setminus\{4\}$

II: $D_1 = \mathbb{Q}\setminus\{0\}$; $D_2 = \mathbb{Q}\setminus\left\{\frac{1}{4}\right\}$

b) I: $S\left(0\mid\frac{5}{4}\right)$; II: $S\left(\frac{1}{2}\mid 6\right)$

AUFGABE 4 S. 76

$f_1(x) = \dfrac{x^2 + 6x + 9}{x + 3} = \dfrac{(x+3)\cdot(x+3)}{x+3} = x + 3 = f_2(x)$

Diese Terme sind nur gleich für $x \neq -3$, da f_1 hier eine Definitionslücke hat (d.h., für $x = -3$ ist die Funktion nicht definiert). Die Gleichheit der beiden Funktionsterme gilt nur für die einge-schränkte Definitionsmenge. Deshalb hat Fabio Recht, denn er wies auf die von Milena nicht beachtete Definitionsmenge hin.

AUFGABE 5 S. 76

$S\left(\frac{12}{19}\mid -\frac{3}{8}\right)$; Nachteile: siehe Aufgabe 2d).

AUFGABE 6 S. 77

c), e) und f) sind äquivalent zu $(5x)^{-2}$.

AUFGABE 7 S. 77

a) $\dfrac{x(6x+1)}{3x} = \dfrac{6x+1}{3} = 2x + \dfrac{1}{3}$

b) $\dfrac{a^2-1}{a+a^2} = \dfrac{(a-1)(a+1)}{a(1+a)} = \dfrac{(a-1)}{a} = 1 - \dfrac{1}{a}$

c) $\dfrac{x^2-16}{x^2-8x+16} = \dfrac{(x+4)(x-4)}{(x-4)^2} = \dfrac{x+4}{x-4}$

AUFGABE 8 S. 77

a) $D = \mathbb{Q}\setminus\{0\}$.

b) $D = \mathbb{Q}\setminus\{0; -1\}$

c) $D = \mathbb{Q}\setminus\{4\}$

AUFGABE 9 S. 77

a) $\dfrac{x^2}{x+1} - \dfrac{1}{x+1} = \dfrac{x^2-1}{x+1} = \dfrac{(x-1)(x+1)}{x+1} = x - 1$

b) $\dfrac{a}{a-2} - \dfrac{a}{a+2} = \dfrac{a(a+2) - a(a-2)}{(a-2)(a+2)} = \dfrac{a^2 + 2a - a^2 + 2a}{(a-2)(a+2)}$

$= \dfrac{4a}{(a-2)(a+2)} = \dfrac{4a}{a^2-4}$

c) $\dfrac{-1}{y+3} + \dfrac{3}{y^2+6y+9} = \dfrac{(-1)(y+3)+3}{(y+3)^2} = \dfrac{-y}{(y+3)^2}$

AUFGABE 10 S. 77

$D = \mathbb{Q}\setminus\{-3; 3\}$

$L = \{-5; 5\}$

AUFGABE 11 S. 78

a) $f(x) = \dfrac{1}{x-2} + 1$

b) $D = \mathbb{Q}\setminus\{2\}$

c) Der Graph von f geht aus dem von $g(x) = \frac{1}{x}$ hervor durch Verschiebung um 2 nach rechts und 1 nach oben.

AUFGABE 12 S. 78

a) $D_f = \mathbb{Q}\setminus\{2\}$; $D_g = \mathbb{Q}\setminus\{-4\}$

b) Schnittpunkt $S\left(-1\mid\frac{2}{3}\right)$

AUFGABE 13 S. 78

a) Eine Maschine würde 2 Stunden brauchen.

b) Drei Maschinen wären 40 Minuten, 5 Maschinen 24 Minuten beschäftigt.

c) $f(x) = \frac{2}{x}$

AUFGABE 14 S. 78

$\dfrac{5-x}{7-x} = \dfrac{1}{2} \Rightarrow x = 3$

6 Kreise, Dreiecke und Vierecke

6 Kreise, Dreiecke und Vierecke

ÜBUNG 1   S. 80

a) – e)

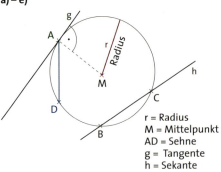

r = Radius
M = Mittelpunkt
AD = Sehne
g = Tangente
h = Sekante

ÜBUNG 2   S. 80

Sekanten: Gerade durch A und B; **Sehnen:**
Strecke AD; **Tangenten:** Die Geraden m, e und
die Gerade, die den Kreis im Punkt B berührt;
Passanten: die Geraden g und h

ÜBUNG 3   S. 81

a)

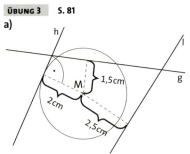

b) g ist eine Sekante; h ist eine Tangente; l ist eine
Passante

ÜBUNG 4   S. 81

Es handelt sich um Peripheriewinkel: Ein Peripheriewinkel ist ein Winkel, dessen Scheitelpunkt
auf dem Kreis liegt und dessen Schenkel den
Kreis schneiden.
$\alpha = 37°$; $\beta = 101°$; $\gamma = 115°$; $\delta = 65°$

ÜBUNG 5   S. 81

α, β, γ sind Peripheriewinkel und alle gleich groß,
nämlich 53°. Die Peripheriewinkel über dem-
selben Kreisbogen sind alle gleich groß.

ÜBUNG 6   S. 82

Winkel	Winkelart	Winkelgröße
α	Zentriwinkel	119°
β	Zentriwinkel	80°
γ	Peripheriewinkel	95°
δ	Peripheriewinkel	86°

ÜBUNG 7   S. 82

$U \approx 25{,}13\,\text{cm}$; $A \approx 50{,}27\,\text{cm}^2$

ÜBUNG 8   S. 82

a) $r \approx 2\,\text{cm}$; $d \approx 4\,\text{cm}$; **b)** $r \approx 7{,}1\,\text{m}$; $d \approx 14{,}2\,\text{m}$

ÜBUNG 9   S. 84

$\alpha = 110°$; $\delta = 134°$. Im Sehnenviereck beträgt die
Summe gegenüberliegender Winkel 180°.

ÜBUNG 10   S. 84

$b + d = 10{,}5\,\text{cm}$. Im Tangentenviereck ist die Summe gegenüberliegender Seiten gleich groß.

ÜBUNG 11   S. 84

a) $\gamma = 150°$; $\delta = 56°$; **b)** $\beta = 94{,}7°$; $\gamma = 62°$;
c) $\alpha = 55°$; $\beta = 77°$; **d)** $\gamma = 98°$; $\delta = 98°$

ÜBUNG 12   S. 85

a) $\delta = 56{,}5°$; **b)** $\beta = 123{,}1°$; **c)** $\alpha = 28{,}9°$;
d) Angenommen, es handelt sich um ein Sehnen-
viereck: Im Sehnenviereck gilt: $\alpha + \gamma = 180°$.
Da hier $\gamma = 4\alpha$ gilt, müsste $5\alpha = 180°$ sein; also
$\alpha = 36°$ und $\gamma = 144°$. Es muss aber auch gelten,
dass $\beta + \delta = 180°$. Laut Aufgabenstellung gilt:
$\beta = 2\alpha = 72°$ und $\delta = 102°$, also:
$72° + 102° = 174° \neq 180°$.
Damit ist gezeigt, dass das angegebene Viereck
kein Sehnenviereck ist.

ÜBUNG 13   S. 85

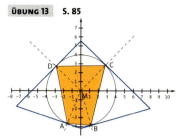

Beachte: Um ein Tangentenviereck zeichnen zu können, müssen sich die Tangenten durch die Punkte A, B, C und D paarweise schneiden (d.h., dieses Viereck besitzt dann auch einen Inkreis). Ist dies nicht der Fall, so gibt es zu diesen Punkten kein Tangentenviereck.

ÜBUNG 14   S. 85

Verkleinert:

a)

b)

c)

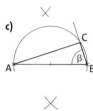

d)

ÜBUNG 15   S. 85

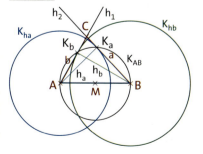

Konstruktion:

1. Zeichne die Strecke AB mit der Länge 7,5 cm.
2. Zeichne den Kreis K_{hb} mit Mittelpunkt B und dem Radius 6,2 cm.
3. Zeichne den Kreis K_{ha} mit Mittelpunkt A und dem Radius 5,6 cm.
4. Zeichne den Kreis K_{AB} um M mit dem Radius $\frac{\overline{AB}}{2}$.
5. K_a ist ein Schnittpunkt der Kreise K_{ha} und K_{AB}.
6. K_b ist ein Schnittpunkt der Kreise K_{hb} und K_{AB}.
7. h_a ist die Strecke AK_a.
8. h_b ist die Strecke BK_b.
9. h_1 ist eine Halbgerade mit Startpunkt A durch den Punkt K_b.
10. h_2 ist eine Halbgerade mit Startpunkt B durch den Punkt K_a.
11. C ist der Schnittpunkt der Halbgeraden h_1 und h_2.
12. b ist die Strecke CA.
13. a ist die Strecke BC.
14. c ist die Strecke AB.

ÜBUNG 16   S. 85

$\alpha_1 = 29,5°; \alpha_2 = 31°$

ÜBUNG 17   S. 88

U	36 cm	114 dm	3,86 m	2348 mm
A	80 cm²	810 dm²	83,2 dm²	2084,08 cm²
a	10 cm	30 dm	12,8 dm	956 mm
b	8 cm	27 dm	6,5 dm	21,8 cm

ÜBUNG 18   S. 88

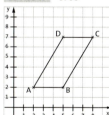

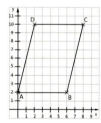

a) $U \approx 17{,}7\,\text{cm}$; $A = 15\,\text{cm}^2$; b) $U \approx 28{,}5\,\text{cm}$; $A = 48\,\text{cm}^2$

ÜBUNG 19 S. 88
a) a = 7 cm; U = 28 cm
b) a = 12 cm; U = 48 cm
c) a = 15 dm; U = 60 dm
d) a = 6,5 mm; U = 26 mm

ÜBUNG 20 S. 88
a = b ≈ 3,5 cm; c ≈ 5 cm; h_c ≈ 2,5 cm; U ≈ 12 cm;
A ≈ 6,25 cm²

ÜBUNG 21 S. 88

Flächeninhalt A	294 cm²	35 cm²	10,6 m²
Höhe h	16,8 cm	14 cm	1,6 m
Seitenlänge a	22,6 cm	3 cm	11 m
Seitenlänge c	12,4 cm	2 cm	2,25 m

ÜBUNG 22 S. 89
a) a ≈ 2,5 cm, e ≈ 2,4 cm, f ≈ 4,3 cm
b) A ≈ 5,16 cm²
c) U ≈ 10 cm

ÜBUNG 23 S. 89
a) $\overline{AB}$ = $\overline{DA}$ ≈ 4,5 cm; $\overline{BC}$ = $\overline{CD}$ = 2,5 cm;
e = 4 cm und f = 5,5 cm; u ≈ 14 cm; A ≈ 11 cm²
b) $\overline{AB}$ = $\overline{DA}$ ≈ 1,8 cm; $\overline{BC}$ = $\overline{CD}$ ≈ 3,4 cm; e = 3 cm
und f = 4 cm; U ≈ 10,4 cm; A ≈ 6 cm²

ÜBUNG 24 S. 89
a) Trapez FCDE: A_{Trapez} ≈ 3,5 cm²
Dreieck FBC: $A_{Dreieck\ FBC}$ ≈ 2,6 cm²
Dreieck FAB: $A_{Dreieck\ FAB}$ ≈ 2,0 cm²
Der Flächeninhalt des Sechsecks beträgt ca. 8,1 cm².
b) Der Umfang beträgt ca. 10,9 cm.

ÜBUNG 25 S. 89
a) Die Gemeinde müsste 21 528 € zahlen.
b) Das Grundstück müsste ca. 6 m breit sein.

Klassenarbeiten

AUFGABE 1 S. 90
CD ist eine Sehne, a ist eine Tangente, b eine
Sekante und c eine Passante.

AUFGABE 2 S. 90
γ = 92°; δ = 105°

AUFGABE 3 S. 90
a) Es handelt sich um ein Sehnenviereck.
b) γ = 102°; $δ_1$ = 85°; **c)** $δ_2$ = $δ_3$ = 85°, da alle
Peripheriewinkel über einem Kreisbogen gleich
groß sind.

AUFGABE 4 S. 90
α, β sind Zentriwinkel; γ, δ sind Peripheriewinkel.

AUFGABE 5 S. 91
a + c = 123 cm, weil in einem Tangentenviereck
die Summe gegenüberliegender Seitenlängen
gleich groß ist.

AUFGABE 6 S. 91

A	125 cm²	ca. 113,1 dm²	ca. 509,3 mm²
U	39,63 cm	ca. 37,7 dm	80 mm
r	ca. 6,3 cm	6 dm	ca. 12,73 mm

Je nachdem, welche Näherung du für π verwendet
hast, können deine Ergebnisse etwas abweichen.

AUFGABE 7 S. 91
a) Die lange Seite des Grundstückes ist 212 m
lang. **b)** Er muss 584 m Zaun kaufen. **c)** Er müsste
16 644 € bezahlen.

AUFGABE 8 S. 91
(Vgl. Übung 15)

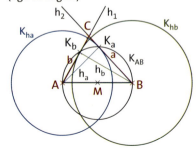

a) Dreieck: A = 36 cm²; g = 9 cm; h = 8 cm;
Trapez: A = 30 cm²; h = 5 cm; a + c = 12 cm
(mehrere Möglichkeiten; hier: a = 7 cm; c = 5 cm);
Drachen: A = 24 cm²; e = 4 cm; f = 12 cm
Skizzen:

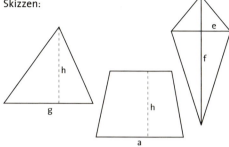

b) Die Angaben für die fehlende Größe sind beim
Dreieck (h) und beim Drachen (f) eindeutig. Beim
Trapez ist a + c = 12 mit unterschiedlichen Wer-
ten für a und c möglich.
Die Schablonen können trotzdem für jede der
Figuren unterschiedlich aussehen.

Der Umfang beträgt 20 cm.

c) und d) treffen zu.

b) trifft zu.

d) trifft zu.

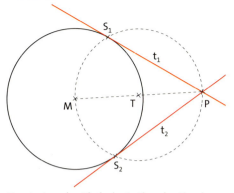

Konstruiere den Thaleskreis über der Strecke
MP. Die beiden möglichen Tangenten sind die
Geraden, die durch P und die Schnittpunkte der
beiden Kreise gehen.

a) U = 2 · 1,1x + 2 · 0,9x = 4x
Der Umfang bleibt unverändert.
b) A = 1,1x · 0,9x = 0,99x²
Der Flächeninhalt wird um 1 % kleiner.

a)

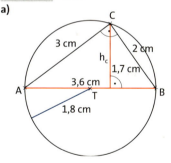

Die dritte Seite ist 36 m lang, die Höhe beträgt
17 m.
b) Der Flächeninhalt beträgt 300 m².
c) Er muss ihn auf dem Mittelpunkt des Thaleskreises aufstellen.
d) Er muss den Radius auf 18 m einstellen.
e) Es werden etwa 1018 m² bewässert.
f) Walters Grundstück ist 1075 m² groß.
g) 566 m² werden nicht bewässert.

7 Strahlensätze und Ähnlichkeit

ÜBUNG 1 S. 95

a) $\frac{a}{c} = \frac{b}{d}$; b) $\frac{f}{e} = \frac{a+b}{a}$; c) $\frac{a+b}{a} = \frac{c+d}{c}$; d) $\frac{c}{c+d} = \frac{e}{f}$

ÜBUNG 2 S. 95

a) $\frac{f}{c} = \frac{e}{d}$; $\frac{f}{f+c} = \frac{e}{e+d}$; b) $\frac{a}{d} = \frac{b}{e} = \frac{c}{f}$; $\frac{a+b}{a} = \frac{d+e}{d}$;

$\frac{a}{b+c} = \frac{d}{e+f}$; $\frac{a+b}{a+b+c} = \frac{d+e}{d+e+f}$; ...

ÜBUNG 3 S. 95

a) $x = 10$; b) $x = 2{,}7$; c) $x = 7$

ÜBUNG 4 S. 95

	a	a + b	b	c	c + d	d
a)	5 m	7 cm	2 cm	6 cm	8,4 cm	2,4 cm
b)	52,5 dm	87,5 dm	35 dm	45 dm	75 dm	30 dm
c)	6 mm	11 mm	5 mm	9,6 mm	17,6 mm	8 mm
d)	0,25 m	60 cm	35 cm	18,75 cm	4,5 dm	26,25 cm

ÜBUNG 5 S. 96

Der See hat eine Länge von ca. 86 m.

ÜBUNG 6 S. 96

Der Durchmesser der Kugel beträgt ca. 6,6 mm.

ÜBUNG 7 S. 96

b und c sind parallel.

ÜBUNG 8 S. 97

a)

b) Der Baum ist ca. 9 m hoch. Udo hat die Höhe gut eingeschätzt.

ÜBUNG 9 S. 97

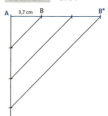

In dieser Zeichnung muss die Strecke AB* 11,1 cm lang sein.

ÜBUNG 10 S. 97

a)

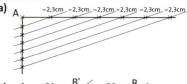

b)

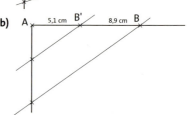

ÜBUNG 11 S. 98

a)

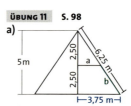

b) $a = \frac{2{,}5}{5} \cdot 3{,}75 \text{ m} = 1{,}875 \text{ m}$

Die Breite der eingezogenen Decke beträgt
$2 \cdot 1{,}875 \text{ m} = 3{,}75 \text{ m}$.

c) $b = \frac{2{,}5}{5} \cdot 6{,}25 \text{ m} = 3{,}125 \text{ m}$

Die Länge der schrägen Wand beträgt 3,125 m.

ÜBUNG 12 S. 98

a)

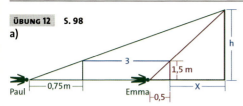

b) Der Berg ist 19,5 m hoch.

ÜBUNG 13 S. 100

Richtige Antworten: a), c), f)

ÜBUNG 14 S. 100

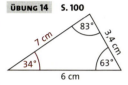
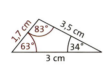

ÜBUNG 15 S. 100

a)

b) $C = Z = C'$

ÜBUNG 16 S. 100

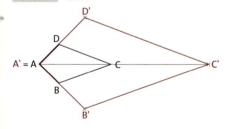

ÜBUNG 17 S. 101

a) $k = -\frac{4}{3}$; **b)** $k = -\frac{3}{5}$

ÜBUNG 18 S. 101

b' = 1,25 cm; c' = 3,25 cm

ÜBUNG 19 S. 101

gleich groß; $k = 1$ oder $k = -1$

ÜBUNG 20 S. 101

a)   **b)**

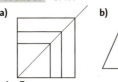

A = 7

Man sieht: Durch zentrische Streckung kann man jedes beliebige Quadrat erzeugen. Die Dreiecke dagegen sind nicht ähnlich.

ÜBUNG 21 S. 101

Man hat aufgrund der Grafik zunächst den Eindruck, dass Felix mehr als doppelt so viele Stimmen bekommen hat wie Julius. Dies liegt daran, dass wir nicht in erster Linie auf die Höhe des gezeichneten Jungen achten, sondern auf die Fläche, die diese Zeichnung einnimmt.

ÜBUNG 22 S. 101

Tom hat recht:

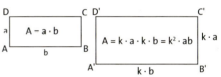

Klassenarbeiten

AUFGABE 1 S. 102

a) ja; **b)** nein; **c)** nein; **d)** ja

AUFGABE 2 S. 102

b = 3,5; a = 8

AUFGABE 3 S. 102

Der Flacheninhalt der Originalfigur beträgt 13,5 cm². Der Flächeninhalt der Bildfigur beträgt 84,375 cm².

Abgelesener Wert: 2 cm
$\frac{x}{1\,cm} = \frac{2\,cm}{10\,cm} \Leftrightarrow x = 0,2\,cm$
Der Durchmesser des Zylinders beträgt 0,2 cm.

$\frac{x}{2\,m} = \frac{9,40\,m}{1,90\,m} \Leftrightarrow x \approx 9,90\,m$
Der Mast ist ca. 9,90 m hoch.

a) $k = \frac{13}{9}$; **b)** $k = -2$

a)

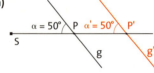

b) g'∥g
c) $\alpha' = \alpha = 50°$

a) $\frac{\overline{SB'}}{\overline{SB}} = \frac{\overline{SA'}}{\overline{SA}}$
b) $\frac{\overline{BB'}}{\overline{SB}} = \frac{\overline{AA'}}{\overline{SA}}$
c) $\frac{\overline{A'B'}}{\overline{AB}} = \frac{\overline{SA'}}{\overline{SA}}$

a) Die Seitenlänge beträgt 7,5 cm.
b) Der Flächeninhalt vergrößert sich um 225 %.
c) Sie muss den Zoomfaktor auf 66,67 % (Kehrwert von 150 %) einstellen.

$\frac{d}{1} = \frac{3,7}{10}$
Der Draht hat den Durchmesser d = 3,7 mm.

a) $\frac{h_1}{s} = \frac{12\,m}{s} \Rightarrow h_1 = 12\,m \Rightarrow h = 13,60\,m$
Der Baum ist 13,60 m hoch.
b) $\frac{h_1}{s} = \frac{d}{s} \Rightarrow h_1 = d \Rightarrow h = $ Augenhöhe + h_1
= Augenhöhe + Entfernung

8 Prismen und Zylinder

b) Pyramide; **c)** Zylinder

Ja, sie hat recht: Ein Prisma kann ein
Quader sein oder ein Dreiecksprisma oder ...

a)   **c)**

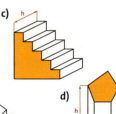

b)   **d)**

a) V = 59,319 cm³; **b)** V = 389,017 mm³

a) V = 251,748 cm³; **b)** V = 169,2 mm³

a) V ≈ 1,76 cm³; **b)** V ≈ 1,75 m³

V = 27 cm³

V = 46 m³

a) V ≈ 168 cm³; **b)** V ≈ 145 cm³;
c) V ≈ 40,63 dm³

ÜBUNG 10   **S. 109**

a)–c)

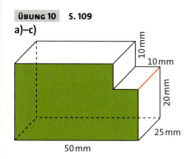

d) $A_G = 14\,cm^2$; $V = 35\,000\,mm^3 = 35\,cm^3$

ÜBUNG 11   **S. 109**

a)–c)

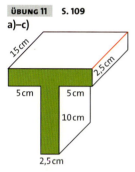

d) $A_G = 56,25\,cm^2$; $V \approx 844\,cm^3$

ÜBUNG 12   **S. 109**

$h = V : A_G = 30\,cm$
Der Behälter ist 30 cm hoch.

ÜBUNG 13   **S. 109**

a)–c)

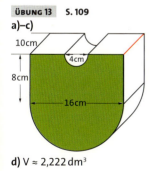

d) $V \approx 2,222\,dm^3$

ÜBUNG 14   **S. 109**

$A_{Trapez} = 1,14\,m^2$; $V = 7,41\,m^3$
Man kann die Futterkrippe mit ca. 7,4 m³ Kraftfutter füllen.

ÜBUNG 15   **S. 109**

$\frac{1}{3}V_{Zuckerdose} \approx 25\,cm^3$; $25\,cm^3 : 2\,cm^3 = 12,5$
Er kann der Zuckerdose ca. 13 Löffel Zucker
entnehmen.

ÜBUNG 16   **S. 111**

Figur	Körper	Grundfläche
I	Würfel	Quadrat
III	Dreieckprisma	Dreieck
V	Viereckprisma	Trapez

ÜBUNG 17   **S. 112**

Oberflächeninhalt der Mantelfläche ohne den
Sockel von 40 cm: $A \approx 14,9\,m^2$. Die Anschlagfläche
ist ca. 15 m² groß.

ÜBUNG 18   **S. 112**

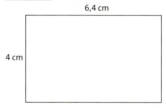

ÜBUNG 19   **S. 112**

$A_G = 600\,cm^2$; $U = 80\,cm$; $A_M = 2000\,cm^2$;
$A_{Loch} \approx 50\,cm^2$
Felix' Vogelhaus besteht aus ca. 2550 cm² Holz.

ÜBUNG 20   **S. 112**

Die Schreinerin benötigt 1,6 m² Holz zum Bau
dieser Kiste.

ÜBUNG 21   **S. 112**

Man benötigt 654 cm² Karton für die Verpackung.

ÜBUNG 22   S. 112

Es würden etwa 0,27 m² Kunststoff benötigt. Der Kübel fasst ca. 13 dm³ (13 Liter).

ÜBUNG 23   S. 114

a)–e)

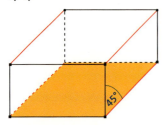

ÜBUNG 24   S. 114

a)   **b)**   **c)**

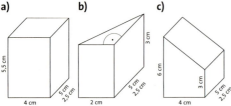

ÜBUNG 25   S. 114

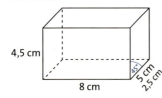

ÜBUNG 26   S. 114

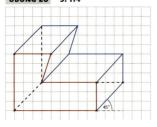

Klassenarbeiten

AUFGABE 1   S. 115

a) $V = 125 \, \text{cm}^3$; **b)** $V = 77 \, \text{cm}^3$; **c)** $V \approx 82 \, \text{cm}^3$

AUFGABE 2   S. 115

a) $A_O \approx 2703 \, \text{cm}^2$; **b)** $A_O \approx 62,5 \, \text{cm}^2$

AUFGABE 3   S. 115

a) $V = 999 \, \text{m}^3$

b) Die Baukosten betragen ca. 345 000 €.

AUFGABE 4   S. 115

Man benötigt 3 Dosen.

AUFGABE 5   S. 115

$V = 78,72 \, \text{cm}^3$

AUFGABE 6   S. 115

Der Stab wiegt ca. 390 g.

AUFGABE 7   S. 116

a) x^3; **b)** x^2; **c)** $6x^2$; **d)** $12x$

AUFGABE 8   S. 116

a) $U = 2 \cdot \pi \cdot r = 24 \, \text{cm} \Rightarrow r \approx 3,8 \, \text{cm}$
$V = \pi \cdot r^2 \cdot 12 \, \text{cm} = 544,375 \, \text{cm}^3$
b) $A = 12 \cdot 24 \, \text{cm}^2 - 0,5 \cdot \pi \cdot 12^2 \, \text{cm}^2 = 61,8 \, \text{cm}^2$
Es entstehen etwa 62 cm² Abfall.

AUFGABE 9   S. 116

$V = (20 \cdot 1 + 0,5 \cdot 2 \cdot 20) \cdot 8 \cdot 0,8 \, \text{m}^3 = 256 \, \text{m}^3$
Es fasst 256 000 l.

AUFGABE 10   S. 117

a) $U \approx 31,5 \, \text{cm}$
b) $U = 31,41 \, \text{cm}$
c) Das Ergebnis ist um etwa 0,3 % zu groß.
d) $\pi \approx 3,15$

AUFGABE 11   S. 117

a) $A = 0.5 \cdot \pi \cdot 7^2 \, cm^2 + (7 \cdot 14 \, cm^2 - 0.5 \cdot \pi \cdot 7^2 \, cm^2)$
$= 98 \, cm^2$
Die Glasfläche ist 98 cm² groß.
b) $L = 2 \cdot \pi \cdot 7 \, cm = 44.0 \, cm$
Der Rahmen ist etwa 44 cm lang.

AUFGABE 12   S. 117

a) $A = 0.5 \cdot \pi \cdot a^2 + 2a^2 = 14.3 \, m^2$
Der Flächeninhalt beträgt 14,3 m².
b) Das Fassungsvermögen beträgt 57,1 m³.
c) $O = 0.5 \cdot \pi \cdot a^2 + 2a^2 + 2 \cdot a \cdot 2a + 2a \cdot 2a$
$+ \pi \cdot a \cdot 2a = 71.4 \, m^2$
Der Anstrich kostet 178,54 €.
d) $V = (0.5 \cdot \pi \cdot a^2 + 2a^2) \cdot 2a = 100 \Rightarrow a$ muss
2,41 m betragen.

9 Zufallsversuche und Wahrscheinlichkeiten

ÜBUNG 1   S. 119
Richtige Antworten: a), b), e)

ÜBUNG 2   S. 119
P(B) = 0,49 = 49 %; P(C) = 0,5 = 50 %;
P(D) = 1 = 100 % (sicheres Ereignis); P(E) = 0,5 = 50 %

ÜBUNG 3   S. 119
Nein, denn $\frac{19}{150} = 12\frac{2}{3}\% \approx 12.7\%$ der Geräte, die
der Mino-Markt verkauft hat, waren fehlerhaft.
Da insgesamt 150 Geräte verkauft wurden,
wäre laut Hersteller nur mit ca. 1–2 defekten
Geräten zu rechnen gewesen. (Es ist aber trotz-
dem möglich, dass nur 1 % der MP3-Player von
Playmore Fehler aufweisen, entsprechend gibt
es dann weniger defekte Geräte bei den anderen
Märkten.)

ÜBUNG 4   S. 121

	günstige Ergebnisse	Anwenden der Summenregel
A	(K, N); (N, K) = 37,5 %	P(A) = P(K, N) + P(N, K)
B	(K, N); (N, K); (K, K)	P(B) = P(K, N) + P(N, K) + P(K, K) = 93,75 %
C	(K, K)	P(C) = P(K, K) = 56,25 %
D	alle	P(D) = 100 % (sicheres Ereignis)
E	(N, N)	P(E) = P(N, N) = 6,25 %
F	(K, K)	P(F) = 56,25 %

Er trifft mit einer Wahrscheinlichkeit von …
a) 37,5 % genau einmal; **b)** 93,75 % mindestens
einmal; **c)** 56,25 % mindestens zweimal; **d)** 100 %
höchstens zweimal (sicheres Ereignis); **e)** 6,25 %
gar nicht; **f)** 56,25 % immer.

K: Manfred wirft einen Korb $P(K) = \frac{75}{100} = \frac{3}{4}$
N: Manfred wirft keinen Korb $P(N) = \frac{25}{100} = \frac{1}{4}$

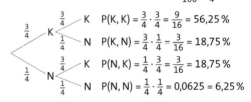

$P(K, K) = \frac{3}{4} \cdot \frac{3}{4} = \frac{9}{16} = 56.25\%$
$P(K, N) = \frac{3}{4} \cdot \frac{1}{4} = \frac{3}{16} = 18.75\%$
$P(N, K) = \frac{1}{4} \cdot \frac{3}{4} = \frac{3}{16} = 18.75\%$
$P(N, N) = \frac{1}{4} \cdot \frac{1}{4} = 0.0625 = 6.25\%$

1. Wurf   **2. Wurf**

ÜBUNG 5   S. 122

Er hat mit einer Wahrscheinlichkeit von ca. 0,346
= 34,6 % mindestens zwei Karpfen gefangen.

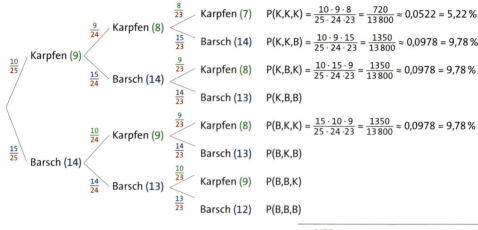

1. Fisch	2. Fisch	3. Fisch

$P(K,K,K) = \frac{10 \cdot 9 \cdot 8}{25 \cdot 24 \cdot 23} = \frac{720}{13\,800} \approx 0,0522 = 5,22\,\%$

$P(K,K,B) = \frac{10 \cdot 9 \cdot 15}{25 \cdot 24 \cdot 23} = \frac{1350}{13\,800} \approx 0,0978 = 9,78\,\%$

$P(K,B,K) = \frac{10 \cdot 15 \cdot 9}{25 \cdot 24 \cdot 23} = \frac{1350}{13\,800} \approx 0,0978 = 9,78\,\%$

$P(K,B,B)$

$P(B,K,K) = \frac{15 \cdot 10 \cdot 9}{25 \cdot 24 \cdot 23} = \frac{1350}{13\,800} \approx 0,0978 = 9,78\,\%$

$P(B,K,B)$

$P(B,B,K)$

$P(B,B,B)$

$P\,(\text{mind. 2 Karpfen}) = \frac{4470}{13\,800} \approx 0,346 = 34,6\,\%$

ÜBUNG 6   S. 122

a)

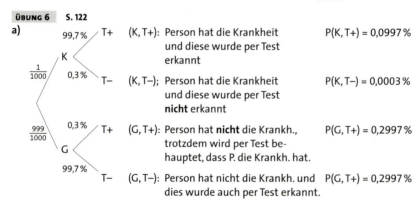

(K, T+): Person hat die Krankheit und diese wurde per Test erkannt — $P(K, T+) = 0,0997\,\%$

(K, T−): Person hat die Krankheit und diese wurde per Test **nicht** erkannt — $P(K, T−) = 0,0003\,\%$

(G, T+): Person hat **nicht** die Krankh., trotzdem wird per Test behauptet, dass P. die Krankh. hat. — $P(G, T+) = 0,2997\,\%$

(G, T−): Person hat nicht die Krankh. und dies wurde auch per Test erkannt. — $P(G, T+) = 0,2997\,\%$

K: Person hat die Krankheit
G: Person hat die Krankheit **nicht**
T+: positives Testergebnis, d.h., die Person hat die Krankheit **laut Test**
T−: negatives Testergebnis, d.h., die Person hat die Krankheit **laut Test nicht**
0,3994 % der getesteten Personen werden positiv getestet, 99,6006 % negativ.

b) 25 % der Personen, die laut Test die Krankheit haben, haben sie tatsächlich. Selbst bei positivem Testergebnis ist die Wahrscheinlichkeit größer, die Krankheit nicht zu haben.

ÜBUNG 7 S. 123

A: Nadja beantwortet beide Fragen richtig.
B: Nadja beantwortet mind. eine Frage richtig.
C: Nadja beantwortet nur die 2. Frage richtig.
R: Nadja beantwortet die Frage richtig.
F: Nadja beantwortet die Frage nicht richtig.

	1. Frage	2. Frage	
		$\frac{24}{29}$ R (23)	$P(R, R) = \frac{25 \cdot 24}{30 \cdot 29} = \frac{600}{870} \approx 0{,}6897 = 68{,}97\%$
	$\frac{25}{30}$ R (24)	$\frac{5}{29}$ F (4)	$P(R, F) = \frac{25 \cdot 5}{30 \cdot 29} = \frac{125}{870} \approx 0{,}1437 = 14{,}37\%$
	$\frac{5}{30}$ F (4)	$\frac{25}{29}$ R (24)	$P(F, R) = \frac{5 \cdot 25}{30 \cdot 29} = \frac{125}{870} \approx 0{,}1437 = 14{,}37\%$
		$\frac{4}{29}$ F (3)	$P(F, F) = \frac{5 \cdot 4}{30 \cdot 29} = \frac{20}{870} \approx 0{,}0230 = 2{,}30\%$

a) Die Wahrscheinlichkeit, dass Nadja beide Fragen richtig beantwortet, liegt bei ca. 69 % (P(A) = P(R, R) = 69,0 %)
b) Die Wahrscheinlichkeit, dass Nadja mindestens eine Frage richtig beantwortet, liegt bei ca. 97,7 % (P(B) = P(R, R) + P(R, F) + P(F, R) = 97,7 %)
c) Die Wahrscheinlichkeit, dass Nadja nur die zweite Frage richtig beantwortet, liegt bei ca. 14,4 % (P(C) = P(F, R) = 14,4 %).

ÜBUNG 8 S. 123

a) Würfel A: $P(A) = P(3, 3) + P(4, 4) = \frac{5}{9}$
Würfel B: $P(A) = P(1, 1) + P(6, 6) = \frac{1}{2}$
Man würde Würfel A wählen, da hier die Wahrscheinlichkeit größer ist, zwei gleiche Zahlen zu würfeln. Ein faires Spiel ist es aber nicht, denn dann müsste jeder mit der gleichen Wahrscheinlichkeit gewinnen.

b) Die Wahrscheinlichkeit, dass mit Würfel A gewonnen wird, liegt bei $\frac{11}{36} \approx 30{,}6\%$. Die Wahrscheinlichkeit, dass mit Würfel B gewonnen wird, liegt bei $\frac{17}{36} \approx 47{,}2\%$. Die Wahrscheinlichkeit für einen unentschiedenen Ausgang liegt bei $\frac{2}{9} \approx 22{,}2\%$.
Auch hier handelt es sich nicht um ein faires Spiel. Mit Würfel B ist jetzt die Gewinnwahrscheinlichkeit höher.

Würfel A

		Augensumme
$\frac{2}{3}$ 3 $P(3, 3) = \frac{4}{9}$		6
$\frac{4}{6} = \frac{2}{3}$ 3	$\frac{1}{3}$ 4 $P(3, 4) = \frac{2}{9}$	7
	$\frac{2}{3}$ 3 $P(4, 3) = \frac{2}{9}$	7
$\frac{2}{6} = \frac{1}{3}$ 4	$\frac{1}{3}$ 4 $P(4, 4) = \frac{1}{9}$	8

Würfel B

		Augensumme
$\frac{1}{2}$ 1 $P(1, 1) = \frac{1}{4}$		2
$\frac{3}{6} = \frac{1}{2}$ 1	$\frac{1}{2}$ 6 $P(1, 6) = \frac{1}{4}$	7
	$\frac{1}{2}$ 1 $P(6, 1) = \frac{1}{4}$	7
$\frac{3}{6} = \frac{1}{2}$ 6	$\frac{1}{2}$ 6 $P(6, 6) = \frac{1}{4}$	12

Augensumme Würfel A	Augensumme Würfel B		Siegerwürfel
	$\frac{1}{4}$ 2	$P(6, 2) = \frac{1}{9}$	A
$\frac{4}{9}$ 6	$\frac{1}{2}$ 7	$P(6, 7) = \frac{2}{9}$	B
	$\frac{1}{4}$ 12	$P(6, 12) = \frac{1}{9}$	B
	$\frac{1}{4}$ 2	$P(7, 2) = \frac{1}{9}$	A
$\frac{4}{9}$ 7	$\frac{1}{2}$ 7	$P(7, 7) = \frac{2}{9}$	
	$\frac{1}{4}$ 12	$P(7, 12) = \frac{1}{9}$	B
	$\frac{1}{4}$ 2	$P(8, 2) = \frac{1}{36}$	A
$\frac{1}{9}$ 8	$\frac{1}{2}$ 7	$P(8, 7) = \frac{1}{18}$	A
	$\frac{1}{4}$ 12	$P(8, 12) = \frac{1}{36}$	B

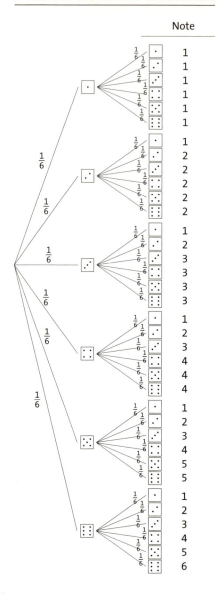

Note

a) $\dfrac{\text{Anzahl der günstigen Fälle}}{\text{Anzahl der möglichen Fälle}} = \dfrac{2}{6} = \dfrac{1}{3}$

Die Wahrscheinlichkeit, eine 5 oder eine 6 zu erhalten, betrug ca. 33 %.

b) s. Schaubild links

c) Natürlich wird es Ärger geben, da die Noten in keinerlei Weise nachvollziehbar sind und den erbrachten Leistungen wahrscheinlich nicht entsprechen. Mit einer Wahrscheinlichkeit von ca. 11 % hat man eine 5 oder 6.

Klassenarbeiten

Die Wahrscheinlichkeit, dass Nadja ausgelost wird, beträgt ca. 9 %, vorausgesetzt, dass genau auf einem Zettel in der Kiste ihr Name steht.

Nein, dies stimmt nicht. Die Wahrscheinlichkeit, eine 6 zu würfeln, beträgt zwar $\frac{1}{6}$, dies gilt aber für jeden Wurf. Somit besteht auch für jeden Wurf die Wahrscheinlichkeit bzw. die Möglichkeit, keine 6 zu würfeln.

a) Mit einer Wahrscheinlichkeit von

$\frac{1}{30} \approx 0{,}033 = 3{,}3\,\%$ wird Nadja ausgelost.

b) Die Wahrscheinlichkeit, an allen drei Tagen ausgelost zu werden, beträgt $\frac{1}{30} \cdot \frac{1}{30} \cdot \frac{1}{30}$

$\approx 0{,}000037 \approx 0{,}0037\,\%$.

AUFGABE 4   S. 124

a)

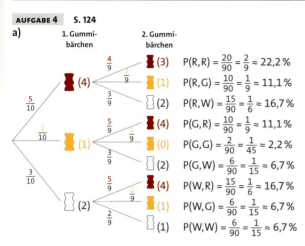

1. Gummi-
bärchen

2. Gummi-
bärchen

$P(R,R) = \frac{20}{90} = \frac{2}{9} \approx 22,2\,\%$

$P(R,G) = \frac{10}{90} = \frac{1}{9} \approx 11,1\,\%$

$P(R,W) = \frac{15}{90} = \frac{1}{6} \approx 16,7\,\%$

$P(G,R) = \frac{10}{90} = \frac{1}{9} \approx 11,1\,\%$

$P(G,G) = \frac{2}{90} = \frac{1}{45} \approx 2,2\,\%$

$P(G,W) = \frac{6}{90} = \frac{1}{15} \approx 6,7\,\%$

$P(W,R) = \frac{15}{90} = \frac{1}{6} \approx 16,7\,\%$

$P(W,G) = \frac{6}{90} = \frac{1}{15} \approx 6,7\,\%$

$P(W,W) = \frac{6}{90} = \frac{1}{15} \approx 6,7\,\%$

R: rotes Gummibärchen, W: weißes Gummibärchen, G: gelbes Gummibärchen

b) Mit einer Wahrscheinlichkeit von 35,6 % zieht sie genau ein gelbes Gummibärchen.
c) Sie entnimmt mit einer Wahrscheinlichkeit von ca. 53,3 % mindestens ein weißes Gummibärchen.
d) Die Wahrscheinlichkeit, höchstens ein rotes Gummibärchen zu entnehmen, beträgt ca. 77,8 %.
e) Sie entnimmt mit einer Wahrscheinlichkeit von ca. 33,3 % ein weißes und ein rotes Gummibärchen.

AUFGABE 5   S. 125

$\frac{3}{10}$	$\frac{1}{4}$	$\frac{3}{20}$	$\frac{79}{100}$	$\frac{1}{8}$	$\frac{3}{200}$
30 %	25 %	15 %	79 %	12,5 %	1,5 %
0,30	0,25	0,15	0,79	0,125	0,015
108°	90°	54°	349,2°	45°	5,4°

AUFGABE 6   S. 125

a) $P = \frac{1}{6}$; **b)** $P = \frac{6}{36} = \frac{1}{6}$; **c)** $P = 0$; **d)** $P = 1$;
e) $P = \frac{4}{36} = \frac{1}{9}$

AUFGABE 7   S. 125

a) $P = \frac{75}{216}$; **b)** $P = \frac{125}{216}$; **c)** $P = \frac{91}{216}$

AUFGABE 8   S. 125

a) P = 60 %
b) Bei 144 Fahrrädern sind Mängel zu erwarten.
c) 70 % der Räder hatten Mängel, also deutlich mehr, als zu erwarten gewesen wäre.

AUFGABE 9   S. 126

a) Rot 180°, blau und gelb jeweils 90°.
b) P(Gewinn bei Variante 1) = 0,422;
P(Gewinn bei Variante 2) = 0,156
Sven sollte Variante 1 wählen.

AUFGABE 10   S. 126

a) Jedes Symbol gewinnt einmal und verliert zweimal, die Gewinnwahrscheinlichkeit beträgt also für jedes Symbol gleich viel, nämlich $\frac{1}{3}$.
b) Nimmt man „Brunnen" hinzu, gewinnen „Schere" und „Stein" einmal, „Papier" und „Brunnen" jedoch zweimal, weshalb man „Papier" oder „Brunnen" wählen sollte.

AUFGABE 11   S. 126

a) P = 14,3 %
b) P = 37,0 %
c) Man muss mindestens 15 Überraschungspakete kaufen.

DUDEN

© Bibliographisches Institut GmbH, Mannheim
ISBN 978-3-411-72442-0